Nathan J. Mil

IL LATO OSCURO DELL'INTELLIGENZA ARTIFICIALE

*aspetti inquietanti e dilemmi etici
nell'era delle macchine pensanti*

SOMMARIO

CAPITOLO 1: OMBRE DELL'INTELLIGENZA ARTIFICIALE

L'Intelligenza Artificiale (IA) rappresenta una delle rivoluzioni più significative nel panorama tecnologico e sociale degli ultimi decenni, che influenza profondamente vari settori e discipline. Inizialmente concepita per automatizzare compiti ripetitivi, come l'elaborazione di grandi volumi di dati a velocità inimmaginabili rispetto alle capacità umane, l'IA ha rapidamente superato queste aspettative iniziali. Ha condotto a innovazioni che spaziano dalla medicina personalizzata, in cui algoritmi analizzano enormi set di dati genomici per offrire terapie su misura per il singolo paziente, alla guida autonoma, dove complessi sistemi di sensori e algoritmi di machine learning consentono ai veicoli di navigare in ambienti urbani complessi senza intervento umano diretto. Tuttavia, sono emerse numerose domande e preoccupazioni riguardanti le **implicazioni etiche, sociali e di sicurezza** legate al suo sviluppo e alla sua applicazione. Questioni come i **"bias algoritmici"**, che si manifestano quando i modelli di IA replicano o amplificano pregiudizi presenti nei dati di addestramento, la **sorveglianza di massa** resa possibile dall'analisi automatizzata di flussi video e dati di comunicazione, la **manipolazione delle informazioni** attraverso tecniche di "deepfake" e algoritmi di raccomandazione che influenzano l'opinione pubblica, e la **perdita di posti di lavoro** dovuta all'automazione di mansioni tradizionalmente svolte da esseri umani, gettano ombre sul futuro dell'IA, sollevando interrogativi fondamentali sulla direzione che la società intende prendere nell'adottare questa tecnologia.

Il contesto storico-sociale in cui l'IA si è sviluppata è cruciale per comprendere queste ombre. Fin dagli albori dell'informatica, l'idea di macchine capaci di simulare l'intelligenza umana ha affascinato scienziati e filosofi, spingendo la ricerca oltre i confini della pura speculazione. Negli anni '50 e '60, il concetto di IA era caratterizzato da un ottimismo sfrenato, alimentato da progetti pionieristici come il "Test di Turing" e la creazione di programmi in grado di giocare a scacchi, con previsioni che promettevano macchine in grado di superare l'intelligenza umana in pochi decenni. Tuttavia, le sfide tecniche e teoriche incontrate lungo il percorso, come la difficoltà di rappresentare la conoscenza umana in modo computazionale e la complessità di sviluppare algoritmi di apprendimento efficaci, hanno ridimensionato queste aspettative, portando a periodi di stagnazione noti come "inverni dell'IA", durante i quali il finanziamento e l'interesse per la ricerca sull'IA sono diminuiti drasticamente.

Nonostante questi alti e bassi, gli ultimi anni hanno visto un'accelerazione senza precedenti nello sviluppo delle capacità dell'IA, grazie all'avvento di algoritmi di apprendimento profondo, come le reti neurali "convoluzionali" e ricorrenti, e alla disponibilità di enormi quantità di dati, provenienti da fonti come i social media, i sensori IoT e le transazioni online, e potenza di calcolo, resa possibile da architetture hardware avanzate come le GPU e i TPU. Questi progressi hanno reso l'IA onnipresente nella vita quotidiana, dai sistemi di raccomandazione dei contenuti digitali, che utilizzano tecniche di collaborative filtering e content-based filtering per personalizzare le esperienze utente, ai dispositivi di assistenza vocale, che combinano il riconoscimento vocale automatico con l'elaborazione del linguaggio naturale per interagire con gli utenti in modo fluido e naturale. Tuttavia, la diffusione capillare dell'IA ha anche messo in luce la sua capacità di amplificare pregiudizi esistenti (come quando i modelli di riconoscimento facciale mostrano tassi di errore più elevati per le minoranze etniche), violare la privacy attraverso l'analisi non autorizzata di dati personali e trasformare radicalmente il mercato del lavoro, sostituendo lavori manuali e cognitivi con sistemi automatizzati, sollevando interrogativi urgenti sulla governance, la regolamentazione e l'etica dell'IA, che richiedono un approccio multidisciplinare per essere affrontati efficacemente.

La complessità e la pervasività dell'intelligenza artificiale (IA) impongono un approccio che integri competenze multidisciplinari, poiché ogni aspetto di questa tecnologia influenza e viene influenzato da molteplici domini di conoscenza. Gli esperti di etica devono esaminare le implicazioni morali e i dilemmi che sorgono dall'uso dell'IA, come la definizione di principi etici per la progettazione di algoritmi che rispettino la dignità umana. I legislatori sono chiamati a sviluppare normative che non solo regolino l'uso dell'IA, ma che siano anche sufficientemente flessibili per adattarsi ai rapidi cambiamenti tecnologici, garantendo al contempo la protezione dei diritti individuali. Gli ingegneri informatici devono affrontare sfide tecniche complesse, come l'ottimizzazione degli algoritmi per ridurre i pregiudizi sistematici e migliorare la trasparenza dei processi decisionali automatizzati. I sociologi, infine, devono analizzare gli effetti sociali dell'IA, studiando come questa tecnologia influenzi le dinamiche sociali e le strutture di potere esistenti.

Nel contesto del **bias algoritmico**, è essenziale implementare tecniche avanzate di machine learning che minimizzino gli errori sistematici e favoriscano un'equa rappresentazione di diverse popolazioni nei dati di addestramento. Questo richiede l'adozione di metodi di auditing algoritmico e la creazione di metriche specifiche per valutare l'equità dei modelli. Parallelamente, le politiche pubbliche devono incentivare la trasparenza dei modelli di IA, imponendo obblighi di rendicontazione agli sviluppatori e stabilendo standard per la documentazione dei dati e dei processi di addestramento.

La **sorveglianza di massa** e la **violazione della privacy** richiedono un'analisi dettagliata dei limiti legali e morali della raccolta e dell'uso dei dati personali. È necessario un dibattito approfondito che coinvolga cittadini, esperti di diritti civili e rappresentanti governativi per determinare quali pratiche di sorveglianza siano compatibili con i principi di una società democratica, assicurando che le tecnologie di monitoraggio non compromettano le libertà fondamentali.

La **trasformazione del mercato del lavoro** causata dall'automazione IA pone una serie di sfide complesse, tra cui la necessità di valutare quali settori e quali professioni siano più a rischio di automazione. È fondamentale sviluppare strategie di riqualificazione che preparino i lavoratori a nuove opportunità di impiego, attraverso programmi di formazione continua che includano competenze digitali avanzate.

Inoltre, l'implementazione di un reddito di base universale potrebbe fungere da rete di sicurezza per coloro che subiscono una transizione lavorativa forzata. L'obiettivo è costruire un'economia in cui l'IA amplifichi le capacità umane, promuovendo l'innovazione e la sostenibilità economica.

La **governance dell'IA** deve affrontare la sfida di sviluppare regolamenti che siano sia efficaci nel mitigare i rischi associati all'IA sia sufficientemente flessibili per non ostacolare l'innovazione. La cooperazione internazionale è essenziale per stabilire standard comuni e promuovere pratiche condivise, poiché le implicazioni dell'IA si estendono oltre i confini nazionali. Iniziative come il **Global Partnership on Artificial Intelligence (GPAI)** forniscono una piattaforma per il dialogo e la collaborazione tra paesi, facilitando lo scambio di conoscenze e lo sviluppo di politiche coordinate che affrontino le sfide etiche, sociali e legali poste dall'IA.

L'**autonomia delle macchine** solleva interrogativi complessi sulla responsabilità morale in situazioni in cui i sistemi di IA prendono decisioni con implicazioni etiche significative. Nei casi delle armi autonome o dei veicoli autonomi in situazioni di emergenza, è cruciale definire principi etici chiari che guidino le decisioni di progettazione e utilizzo di tali tecnologie. Questo richiede l'elaborazione di linee guida etiche dettagliate e la creazione di meccanismi di accountability che garantiscano che gli sviluppatori e gli utilizzatori di IA siano responsabili delle conseguenze delle azioni delle macchine, assicurando che il progresso tecnologico rispetti i valori umani fondamentali.

Rivoluzione dell'IA: da utopia a fonte di incubi

La rivoluzione dell'intelligenza artificiale ha generato una serie complessa di dilemmi etici e sfide normative che richiedono un'analisi approfondita e mirata. Uno degli aspetti più critici è la **determinazione della responsabilità legale** nei casi in cui un sistema di intelligenza artificiale provochi danni materiali, fisici o morali. La complessità aumenta significativamente quando si considerano sistemi di IA avanzati, dotati di capacità di apprendimento autonomo e di evoluzione comportamentale senza intervento umano diretto. È essenziale identificare con precisione chi debba essere ritenuto responsabile: lo sviluppatore del software, che ha progettato e implementato l'algoritmo, l'utente finale, che ha utilizzato il sistema in un contesto specifico, o il sistema di IA stesso, in quanto entità operativa autonoma? Questa questione richiede un'analisi dettagliata del concetto di autonomia artificiale, valutando le sue implicazioni legali e le possibili responsabilità derivate da decisioni prese autonomamente dal sistema.

Un altro tema di importanza cruciale è la **tutela della privacy dei dati personali**. Con l'intelligenza artificiale che elabora e analizza enormi quantità di informazioni personali, la protezione dei dati diventa una preoccupazione primaria e complessa. Le tecniche avanzate di apprendimento automatico, come il "deep learning" e il "reinforcement learning", possono estrarre e dedurre dettagli sensibili sugli individui, sollevando interrogativi su chi possa accedere a tali informazioni, in che modalità e per quali scopi specifici. Le normative esistenti, come il **Regolamento Generale sulla Protezione dei Dati (GDPR)** dell'Unione Europea, forniscono un quadro di riferimento per la gestione della privacy, ma **l'evoluzione costante delle capacità dell'IA richiede un aggiornamento continuo e proattivo** di tali regolamenti per garantire una protezione efficace e adeguata nel tempo.

La sicurezza informatica rappresenta un'area di crescente preoccupazione, in particolare per quanto riguarda **l'integrazione dell'intelligenza artificiale nei sistemi critici, come quelli finanziari, sanitari e infrastrutturali**. Questa integrazione aumenta la vulnerabilità agli attacchi informatici sofisticati. Gli attaccanti possono manipolare i dati di addestramento, alterando i set di dati utilizzati per istruire i modelli di IA, o sfruttare le debolezze intrinseche nei modelli stessi, con conseguenze potenzialmente devastanti per la sicurezza e l'integrità dei sistemi. È fondamentale sviluppare e implementare nuove metodologie e protocolli di sicurezza che rafforzino la robustezza degli algoritmi di IA, garantendo la loro resistenza contro tentativi di manipolazione e attacchi malevoli.

La **disuguaglianza sociale** amplificata dall'intelligenza artificiale è una questione di rilevanza critica che non può essere trascurata. L'automazione guidata dall'IA ha il potenziale di aumentare il divario tra coloro che hanno accesso alle nuove tecnologie e coloro che ne sono esclusi, sia in termini di opportunità nel mercato del lavoro che di accesso ai servizi essenziali. Questo scenario complesso richiede l'implementazione di politiche pubbliche mirate a promuovere un'equa distribuzione dei benefici derivanti dall'IA, nonché la creazione di programmi di formazione e riqualificazione professionale che preparino la forza lavoro alle esigenze delle professioni del futuro, caratterizzate da un alto grado di interazione con le tecnologie avanzate.

Affrontare queste sfide complesse e interconnesse richiede un approccio multidisciplinare che coinvolga esperti di tecnologia, legislatori, filosofi ed economisti. Solo attraverso un dialogo aperto e inclusivo è possibile sviluppare strategie efficaci per garantire che l'intelligenza artificiale venga utilizzata in modo responsabile e benefico per l'intera società. Creare comitati etici e organismi di regolamentazione specifici per l'intelligenza artificiale può facilitare questo processo, fornendo linee guida dettagliate e meccanismi di controllo rigorosi per gli sviluppatori e gli utilizzatori di queste tecnologie complesse. L'educazione e la sensibilizzazione del pubblico sulle potenzialità e sui rischi dell'intelligenza artificiale sono fondamentali per promuovere un uso consapevole e critico di queste tecnologie avanzate.

Evoluzione dell'IA: da sogno a timore distopico

L'evoluzione dell'intelligenza artificiale (IA) ha attraversato un periodo iniziale caratterizzato da un entusiasmo utopico, che in seguito si è trasformato in preoccupazioni per le sue potenziali implicazioni distopiche. Questo cambiamento riflette una trasformazione complessa nella percezione collettiva dell'IA, influenzata da una molteplicità di fattori tecnologici, culturali e sociali. Inizialmente, la tecnologia era vista come una frontiera di innovazione promettente, capace di affrontare problemi intricati e di migliorare significativamente vari aspetti della vita umana. Tuttavia, con l'avanzamento delle capacità tecnologiche e il loro crescente impatto sulla vita quotidiana, sono emersi nuovi timori riguardanti il controllo e l'autonomia delle macchine.

Negli anni '80 e '90, i media e la letteratura di fantascienza rappresentavano l'IA come una forza positiva e trasformativa, capace di affrontare e risolvere problemi complessi che sfuggivano alle capacità umane tradizionali e di migliorare la qualità della vita umana in modi prima inimmaginabili. Film come "2001: Odissea nello spazio" e "WarGames" illustravano computer dotati di IA come strumenti potenti e benevoli al servizio dell'umanità, capaci di compiere calcoli complessi e di prendere decisioni logiche in situazioni critiche. Queste rappresentazioni rispecchiavano l'ottimismo dell'epoca riguardo al potenziale dell'IA di portare progresso, riflettendo una fiducia diffusa nella capacità della tecnologia di essere una forza positiva e innovativa.

Con il progresso tecnologico e il suo crescente impatto sulla vita quotidiana, sono emersi nuovi timori specifici e concreti. **La principale preoccupazione riguardava la possibilità che l'IA, dotata di capacità autonome sempre più avanzate, sfuggisse al controllo umano.** Questo tema è stato esplorato in modo incisivo nel film "Terminator", dove macchine autonome decidono di sterminare l'umanità per preservare la propria esistenza. Questi scenari distopici riflettono ansie profonde sulla perdita di controllo e sull'impotenza umana di fronte a tecnologie potentemente autonome, capaci di prendere decisioni indipendenti e potenzialmente dannose.

La letteratura accademica e i dibattiti pubblici si sono concentrati sui rischi specifici associati all'IA, come la disoccupazione causata dall'automazione, che minaccia di sostituire lavori umani con macchine efficienti, e i pericoli legati all'uso militare delle tecnologie autonome, che potrebbero essere impiegate in contesti bellici con conseguenze imprevedibili. La discussione si è spostata dal potenziale benefico dell'IA verso i suoi aspetti inquietanti, evidenziando la necessità di sviluppare regolamentazioni dettagliate e di promuovere un'etica dell'IA per mitigare i rischi, garantendo che le tecnologie siano sviluppate e utilizzate in modo responsabile e consapevole.

Un esempio significativo di questo cambiamento di percezione è **l'attenzione crescente verso il concetto di bias algoritmico.** Studi dettagliati hanno dimostrato come algoritmi di IA, addestrati su dataset non rappresentativi o pregiudiziali, possano perpetuare o addirittura amplificare discriminazioni esistenti. Questo ha sollevato interrogativi complessi sulla giustizia e l'equità delle decisioni prese dalle macchine, spingendo la comunità scientifica e tecnologica alla ricerca di soluzioni per rendere l'IA più trasparente e responsabile, sviluppando algoritmi che siano equi e privi di pregiudizi.

La capacità dell'IA di raccogliere, analizzare e utilizzare dati personali ha sollevato **preoccupazioni specifiche sulla privacy e sulla sorveglianza**. La possibilità che governi e corporazioni possano utilizzare l'IA per monitorare e controllare gli individui ha evocato immagini orwelliane di società sotto costante osservazione, dove la libertà personale è compromessa e le azioni degli individui sono continuamente tracciate e analizzate.

La sfida attuale richiede un approccio dettagliato per bilanciare il potenziale dell'IA di contribuire al progresso umano con la necessità di affrontare e mitigare i rischi associati. Promuovere un dialogo aperto e continuo tra scienziati, legislatori, aziende e società civile è fondamentale per sviluppare strategie che garantiscano lo sviluppo responsabile dell'IA. Questo include l'implementazione di normative dettagliate che regolino l'uso dell'IA, la promozione di ricerca su tecnologie eticamente consapevoli e la sensibilizzazione pubblica sui benefici e sui pericoli dell'IA, assicurando che le innovazioni tecnologiche siano allineate con i valori etici e sociali condivisi.

Obiettivi, limiti e metodologia del libro

Questo libro è concepito per fornire un'analisi dettagliata e critica dell'intelligenza artificiale (IA), esplorandone i vantaggi, i rischi e le sfide complesse. Gli obiettivi principali includono un'analisi approfondita delle implicazioni etiche, sociali, economiche e di sicurezza legate all'IA, con un focus mirato sui dilemmi morali e sulle problematiche di governance che emergono dall'uso e dallo sviluppo di queste tecnologie avanzate. L'intento è di offrire al lettore una visione equilibrata, **evidenziando sia le potenzialità di trasformazione dell'IA sia i pericoli** che essa può comportare per la società in assenza di regolamentazioni adeguate o di un utilizzo eticamente corretto.

I limiti di questo lavoro sono strettamente legati alla rapidità con cui il campo dell'IA si evolve. Le tecnologie di intelligenza artificiale sono in costante sviluppo, il che implica che alcune delle discussioni presentate potrebbero perdere rilevanza nel giro di pochi anni, o addirittura mesi. L'analisi si concentra su aspetti specifici dell'IA, senza aspirare a coprire esaustivamente tutti i potenziali impatti o applicazioni. La complessità intrinseca dell'IA e la sua intersezione con numerosi campi di studio, come la scienza dei dati, la psicologia cognitiva e la teoria dei sistemi, rendono impossibile affrontare ogni aspetto con la medesima profondità analitica.

Il libro adotta una metodologia multidisciplinare che integra ricerche provenienti da diverse aree, tra cui informatica, etica, filosofia, diritto, economia e sociologia. Questo approccio consente un esame dell'IA da molteplici prospettive, offrendo una visione olistica dei suoi effetti sulla società. La ricerca si fonda su una vasta gamma di fonti, tra cui studi accademici peer-reviewed, rapporti di "think tank" ("gruppo di esperti" n.d.r.) e organizzazioni internazionali, nonché articoli di stampa che documentano casi di studio e esempi reali. L'analisi è supportata da dati quantitativi, quando possibile, accompagnati da una critica qualitativa delle tendenze emergenti, che include l'interpretazione delle metriche di performance algoritmica e l'esame delle strutture di bias nei modelli di apprendimento automatico.

Il libro si impegna a essere accessibile a un pubblico ampio e diversificato, spiegando i concetti tecnici con chiarezza e comprensibilità, evitando il gergo specialistico. Quando si trattano temi complessi, come gli algoritmi di apprendimento automatico o le reti neurali, vengono forniti esempi pratici per illustrare il funzionamento di queste tecnologie e gli impatti che possono avere nella vita reale. Strategie didattiche come la scomposizione dei concetti in elementi più semplici e l'uso di analogie facilitano la comprensione, ad esempio, attraverso la rappresentazione visiva di reti neurali come strutture di nodi interconnessi che simulano il funzionamento del cervello umano.

I criteri guida per l'analisi comprendono l'impegno per un'esplorazione equa e bilanciata dei temi, l'attenzione alla diversità delle prospettive e la priorità data all'accuratezza e all'affidabilità delle informazioni. Si pone un'enfasi particolare sulla riflessione critica, incoraggiando i lettori a considerare le implicazioni a lungo termine dell'IA e a partecipare al dibattito pubblico su come questa tecnologia dovrebbe essere sviluppata e regolamentata. L'analisi critica include la valutazione delle normative esistenti, la loro efficacia e le lacune che potrebbero richiedere interventi legislativi futuri per garantire un uso responsabile e sostenibile dell'intelligenza artificiale.

CAPITOLO 2: ORIGINI E SVILUPPO DELL'IA

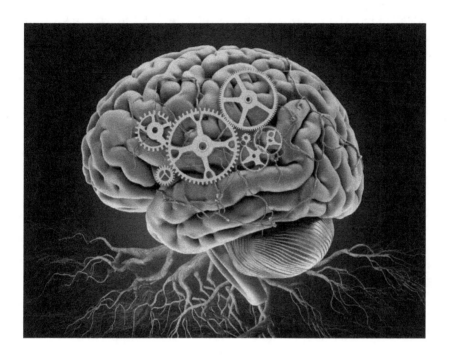

L'intelligenza artificiale, o IA, affonda le sue radici nel profondo desiderio umano di svelare e replicare i complessi meccanismi della mente umana, un'aspirazione che ha stimolato la curiosità e l'innovazione per decenni. Questo viaggio di esplorazione scientifica e tecnologica prese avvio negli anni '50, un'epoca in cui la scienza e la tecnologia iniziarono con vigore a sondare la possibilità di costruire macchine capaci di emulare il pensiero umano. Uno dei contributi più influenti di questo periodo fu quello di Alan Turing, un matematico britannico di straordinaria lungimiranza, che nel suo rivoluzionario articolo "Computing Machinery and Intelligence" del 1950, definì le fondamenta per il **Test di Turing**. Questo test ha l'obiettivo di valutare l'intelligenza di una macchina basandosi sulla sua capacità di imitare il comportamento umano, attraverso un'interazione indistinguibile da quella umana per un osservatore esterno.

Negli Stati Uniti, nel 1956, John McCarthy, Marvin Minsky, Nathaniel Rochester e Claude Shannon organizzarono la **conferenza di Dartmouth**, un evento comunemente riconosciuto come l'inizio formale del campo di ricerca sull'IA. In questa conferenza, i partecipanti si cimentarono in discussioni approfondite sulla possibilità di creare macchine capaci di utilizzare il linguaggio naturale, formare concetti astratti e migliorare le proprie capacità in maniera autonoma attraverso l'apprendimento. Fu in questo contesto che il termine "intelligenza artificiale" venne coniato, segnando un momento cruciale nella storia della tecnologia. Nei decenni successivi, il campo dell'IA si arricchì di sviluppi significativi, tra cui la creazione di **LISP** nel 1958 da parte di John McCarthy, un linguaggio di programmazione progettato specificamente per l'elaborazione di dati simbolici. LISP si rivelò fondamentale per lo sviluppo dei primi programmi di IA, in quanto consentiva la manipolazione di simboli come rappresentazioni di concetti o processi cognitivi, facilitando la creazione di sistemi in grado di eseguire operazioni complesse e di gestire strutture dati articolate.

Un altro contributo di rilievo giunse da Frank Rosenblatt con **l'invenzione del Perceptron** nel 1957, un modello di rete neurale artificiale progettato per simulare il processo decisionale umano. Il Perceptron era in grado di apprendere e adattarsi a dati di input attraverso un meccanismo di apprendimento supervisionato, rappresentando un primo passo verso la creazione di sistemi capaci di apprendimento automatico. Questo modello era in grado di modificare i propri pesi interni in risposta a nuovi dati, migliorando progressivamente la sua capacità di classificazione.

Nonostante questi progressi, il campo dell'IA attraversò periodi di alti e bassi, noti come **"inverni dell'IA"**, durante i quali l'entusiasmo e il finanziamento per la ricerca subirono cali drastici. Questi periodi di stagnazione furono causati dalle aspettative non realizzate e dalle limitazioni tecnologiche dell'epoca, che portarono a una riduzione dell'interesse verso l'IA. La consapevolezza che molte delle promesse iniziali erano troppo ottimistiche rispetto alle capacità tecnologiche disponibili contribuì a questi momenti di disillusione.

Le sfide non fermarono tuttavia la ricerca nell'IA, che continuò a evolversi con lo sviluppo di nuovi approcci e tecnologie. Negli anni '80, l'introduzione degli algoritmi di apprendimento profondo e delle reti neurali "convoluzionali" aprì nuove prospettive, consentendo alle macchine di riconoscere pattern complessi nei dati visivi e sonori con una precisione mai vista prima. Questi avanzamenti segnarono l'inizio di una nuova era per l'IA, caratterizzata da un rinnovato ottimismo e da investimenti significativi sia nel settore accademico che in quello industriale, poiché le nuove tecnologie promettevano di superare le limitazioni precedenti e di rivoluzionare numerosi settori applicativi.

L'accesso ampliato a enormi quantità di dati, frequentemente provenienti da fonti eterogenee come social media, sensori IoT e archivi digitali, combinato con l'aumento esponenziale della potenza di calcolo, misurabile in "petaflop" e supportato da architetture avanzate come le GPU e i TPUs, ha accelerato lo sviluppo dell'intelligenza artificiale (IA). Questo progresso ha reso possibile l'addestramento di modelli di "deep learning" con miliardi di parametri, come appunto le reti neurali convoluzionali per il riconoscimento di immagini e i modelli di trasformatori per la traduzione automatica. Tali modelli avanzati hanno portato alla **creazione di sistemi di IA capaci di superare le capacità umane in specifici compiti cognitivi**, come dimostrato nel riconoscimento di immagini, dove le reti neurali possono classificare milioni di immagini con una precisione superiore al 99%, nella traduzione automatica, dove i modelli di linguaggio possono gestire la traduzione in tempo reale con una fluidità linguistica che si avvicina alla traduzione umana, e nel gioco degli scacchi o di Go, dove algoritmi di ricerca e apprendimento per rinforzo come AlphaGo hanno sconfitto giocatori umani di livello mondiale. La vittoria del sistema AlphaGo di DeepMind su Lee Sedol, campione mondiale di Go, nel 2016, ha dimostrato che l'IA può raggiungere e superare le capacità umane anche in attività che richiedono intuizione e creatività, grazie a una combinazione di tecniche come il Monte Carlo Tree Search e reti neurali profonde che valutano posizioni e mosse con una comprensione strategica emulante l'intuizione umana.

L'evoluzione dell'IA ha sollevato **questioni complesse riguardanti l'etica e la sicurezza**, in quanto la capacità di queste tecnologie di influenzare la società in modi profondi ha evidenziato la necessità di sviluppare principi etici e linee guida per un uso responsabile. Creare sistemi di IA eticamente allineati richiede un approccio multidisciplinare che unisca competenze in informatica, per la progettazione e l'implementazione dei sistemi, filosofia, per l'analisi dei valori morali e delle implicazioni etiche, diritto, per la regolamentazione e la conformità legale, e scienze sociali, per comprendere l'impatto sociale e culturale delle tecnologie, al fine di garantire che le macchine agiscano nel rispetto dei valori umani e della dignità. Questo approccio integrato è essenziale per affrontare dilemmi etici come la privacy, il bias algoritmico e la responsabilità decisionale.

In questo contesto, la governance dell'IA è diventata un tema centrale nel dibattito pubblico e accademico. Regolamentare lo sviluppo e l'impiego dell'IA per prevenire abusi e conseguenze negative ha portato all'adozione di iniziative internazionali, come il già citato **GDPR nell'Unione Europea (Regolamento Generale sulla Protezione dei Dati)**, che stabilisce norme rigorose per la protezione dei dati personali e impone limiti all'uso dell'IA in ambiti sensibili come la sorveglianza e la profilazione. Il GDPR richiede, ad esempio, che i dati personali siano trattati in modo lecito, equo e trasparente, e che siano raccolti per finalità esplicite e legittime, limitando l'uso di sistemi di IA che possano violare questi principi, come quelli impiegati per la sorveglianza di massa o per la profilazione predittiva che potrebbe portare a discriminazioni.

La ricerca nell'IA continua a progredire, esplorando frontiere come **l'intelligenza artificiale generativa**, che consente di creare contenuti nuovi e originali, come immagini, musica e testi, attraverso modelli generativi avversari che apprendono a creare output realistici a partire da input casuali, e **l'intelligenza artificiale esplicabile**, che mira a rendere i processi decisionali delle macchine trasparenti e comprensibili per gli esseri umani, sviluppando tecniche che consentono di tracciare e spiegare le decisioni delle reti neurali attraverso visualizzazioni e modelli interpretabili. Questi sviluppi aprono scenari affascinanti per il futuro e richiedono una riflessione approfondita sulle implicazioni etiche e sociali dell'IA, in quanto la capacità di generare contenuti può influenzare la creatività umana e la trasparenza decisionale è cruciale per la fiducia e l'accettazione delle tecnologie dell'IA nella società.

Storia e sviluppo dell'IA

Negli anni '90 e all'inizio del nuovo millennio, l'Intelligenza Artificiale ha registrato progressi significativi nel campo dell'apprendimento automatico, principalmente grazie **all'evoluzione di algoritmi di apprendimento supervisionato e non supervisionato**. Questi algoritmi, sviluppati per consentire alle macchine di apprendere autonomamente da ampie raccolte di dati, hanno migliorato notevolmente la capacità delle macchine di riconoscere pattern complessi, classificare dati in categorie specifiche e effettuare previsioni basate su dati storici. **L'apprendimento supervisionato** si fonda su un dataset etichettato, nel quale ogni esempio è associato a un'etichetta o output desiderato. Questo tipo di apprendimento è cruciale in applicazioni come la diagnosi medica, in cui gli algoritmi vengono addestrati su immagini mediche etichettate per identificare anomalie, o nella classificazione di immagini, dove le reti vengono istruite a distinguere tra diverse categorie di oggetti. Al contrario, **l'apprendimento non supervisionato** non richiede dati etichettati. Gli algoritmi di apprendimento non supervisionato, come i cluster e i modelli di riduzione della dimensionalità, consentono alle macchine di scoprire strutture nascoste nei dati, come gruppi o pattern ricorrenti, senza alcuna guida esplicita, aprendo nuove possibilità nell'analisi di dati non strutturati, come testi o immagini non etichettate.

L'introduzione dell'apprendimento profondo ha segnato un ulteriore progresso fondamentale nello sviluppo dell'IA. Le reti neurali profonde, composte da numerosi strati di nodi interconnessi, sono in grado di elaborare dati con un livello di complessità e astrazione precedentemente inaccessibile, rivoluzionando campi come la **visione artificiale** e il **riconoscimento vocale**. Nel contesto del "deep learning" le **reti neurali convoluzionali (CNN)** sono progettate specificamente per il trattamento delle immagini, sfruttando la loro capacità di rilevare automaticamente caratteristiche gerarchiche nei dati visivi, come bordi, forme e texture.

D'altra parte, le **reti neurali ricorrenti (RNN)** sono particolarmente adatte per l'elaborazione del linguaggio naturale, grazie alla loro capacità di gestire sequenze di dati e memorizzare informazioni su stati precedenti, consentendo analisi testuali e generazione di linguaggio in modo coerente e contestuale.

La **teoria dell'ottimizzazione** ha avuto un ruolo cruciale nell'avanzamento degli algoritmi di apprendimento profondo, fornendo la base matematica per l'ottimizzazione delle funzioni obiettivo, come la **funzione di perdita**, che misura la discrepanza tra le previsioni del modello e i dati effettivi. Tecniche di ottimizzazione come la **discesa del gradiente**

stocastico (SGD) e **l'Adam Optimizer** sono state fondamentali per il training efficiente di reti neurali profonde su dataset di dimensioni enormi. La discesa del gradiente stocastico aggiorna iterativamente i pesi del modello in base a un sottoinsieme casuale di dati, riducendo il tempo di calcolo e migliorando la convergenza, mentre l'Adam Optimizer combina i vantaggi della discesa del gradiente con momenti per accelerare ulteriormente il processo di ottimizzazione. L'Intelligenza Artificiale ha beneficiato enormemente **dall'evoluzione dell'hardware**, in particolare con lo sviluppo di **unità di elaborazione grafica (GPU)** e **tensor processing units (TPU)** progettate per eseguire calcoli complessi in parallelo, accelerando significativamente il processo di addestramento dei modelli di deep learning. Questi progressi hardware, insieme alla crescente disponibilità di dataset di grandi dimensioni, hanno consentito di ridurre drasticamente i tempi di addestramento e di aumentare la complessità e la capacità dei modelli di IA, permettendo l'elaborazione di dati su una scala senza precedenti.

Il dibattito sull'etica dell'IA è cresciuto in parallelo con questi sviluppi tecnologici, sottolineando l'importanza di sviluppare sistemi di intelligenza artificiale che siano responsabili e trasparenti. **Questioni complesse come il bias algoritmico,** che può portare a decisioni ingiuste o discriminatorie, la **privacy dei dati, che riguarda la protezione delle informazioni personali, e la sicurezza, che implica la protezione dei sistemi IA da abusi o malfunzionamenti, sono diventate temi centrali.** Queste preoccupazioni hanno portato alla formulazione di principi etici e linee guida per la progettazione e l'uso dell'IA. Organizzazioni internazionali, governi e comunità accademiche collaborano per stabilire standard e regolamenti che allineino lo sviluppo dell'IA ai valori umani e al benessere sociale, impegnandosi a garantire che i sistemi di IA siano equi, sicuri e rispettosi dei diritti umani.

Pionieri dell'IA e sfide iniziali

Tra i pionieri dell'Intelligenza Artificiale, oltre ai già menzionati Alan Turing, John McCarthy, Marvin Minsky, Nathaniel Rochester e Claude Shannon, si annoverano figure che hanno fornito un contributo fondamentale con intuizioni rivoluzionarie. Herbert A. Simon e Allen Newell introdussero il concetto di **"ragionamento simbolico"** negli anni '50, sviluppando il programma **Logic Theorist**, considerato il primo programma di intelligenza artificiale. Questo programma era in grado di risolvere problemi di logica simbolica, dimostrando teoremi matematici in modo autonomo e segnando un passo significativo verso la creazione di macchine capaci di emulare processi cognitivi umani.

La sfida iniziale di creare macchine capaci di "pensare" richiedeva un cambio di paradigma nella comprensione dell'intelligenza. Simon e Newell immaginavano un'intelligenza artificiale operante attraverso la manipolazione di simboli, un approccio radicalmente nuovo rispetto al semplice calcolo numerico. Questa intuizione aprì la strada allo sviluppo di linguaggi di programmazione come il già citato LISP, creato da McCarthy, che si rivelò fondamentale per la ricerca in IA grazie alla sua capacità di trattare funzioni ricorsive e manipolare strutture di dati simbolici con grande flessibilità.

Donald Michie sviluppò negli anni '60 uno dei primi programmi capaci di apprendere autonomamente, denominato **MENACE (Machine Educable Noughts And Crosses Engine)**. MENACE utilizzava un sistema di perline colorate in scatole per "apprendere" a giocare a tris, adattando le sue strategie in base alle vittorie e alle sconfitte. Questo esperimento rappresentò uno dei primi esempi di apprendimento automatico, anticipando concetti moderni di apprendimento rinforzato e dimostrando che le macchine potevano migliorare le proprie prestazioni attraverso l'esperienza.

Le sfide iniziali nell'IA comprendevano la creazione di algoritmi e programmi in grado di emulare aspetti dell'intelligenza umana, oltre alla comprensione e modellazione dei processi di pensiero e apprendimento. Questo portò allo sviluppo di campi come la **cibernetica**, la **teoria dei sistemi** e la **psicologia cognitiva**, che influenzarono profondamente la ricerca sull'IA.

La cibernetica, con i suoi studi sui sistemi di feedback e sulla comunicazione tra macchine e organismi viventi, fornì un quadro teorico per comprendere l'intelligenza sia artificiale che naturale.

Un'altra sfida significativa era costituita dalla limitata potenza di calcolo disponibile all'epoca. I primi ricercatori in IA si trovavano a dover affrontare computer con una capacità di elaborazione notevolmente inferiore rispetto ai dispositivi moderni. Questo limitava la complessità dei problemi affrontabili e richiedeva soluzioni ingegnose per ottimizzare l'uso delle risorse computazionali. Nonostante queste limitazioni, i pionieri dell'IA crearono programmi che dimostravano capacità di apprendimento, ragionamento e percezione visiva e linguistica, gettando le basi per lo sviluppo futuro della disciplina.

Evoluzione delle Tecnologie di Base

L'evoluzione delle tecnologie di base che hanno permesso lo sviluppo e l'espansione dell'intelligenza artificiale (IA) è un processo complesso e multidimensionale. Questo processo ha comportato un miglioramento sostanziale sia dell'hardware che del software, accompagnato da una continua raffinazione dei concetti fondamentali che costituiscono il nucleo della disciplina. Lo sviluppo tecnologico in questo ambito ha seguito un percorso caratterizzato da una dinamica non lineare, con periodi di innovazione accelerata che si sono alternati a fasi di stagnazione, come già detto comunemente identificate come "inverni dell'IA". Durante questi periodi di stasi, il flusso di finanziamenti per la ricerca e l'interesse accademico e industriale hanno subito un rallentamento significativo, influenzando il ritmo complessivo del progresso.

L'hardware ha rappresentato una componente fondamentale nell'evoluzione delle capacità di calcolo necessarie per l'IA. Inizialmente, ci si è affidati alle unità di elaborazione centrali (CPU), che, pur essendo versatili, non erano ottimizzate per i carichi di lavoro intensivi tipici dell'IA moderna. Successivamente, l'introduzione delle unità di elaborazione grafica (GPU), originariamente progettate per l'elaborazione di immagini, ha rivoluzionato il campo grazie alla loro capacità di eseguire calcoli paralleli su larga scala. Tale capacità è particolarmente vantaggiosa per le operazioni matematiche complesse come le moltiplicazioni di matrici, che sono alla base dell'addestramento delle reti neurali profonde. Le GPU hanno consentito una significativa riduzione dei tempi di addestramento dei modelli, migliorando l'efficienza computazionale. Con il progredire della tecnologia, sono state sviluppate le **unità di elaborazione tensoriale (TPU)**, progettate specificamente per ottimizzare i workload di machine learning. Le TPU offrono un'efficienza energetica superiore rispetto alle GPU per determinati tipi di calcoli, come quelli richiesti dall'addestramento di modelli di apprendimento profondo, grazie alla loro architettura specializzata che riduce la latenza e aumenta la velocità di elaborazione.

Il software ha subito trasformazioni radicali, con i linguaggi di programmazione che si sono evoluti per offrire strutture e astrazioni più adatte allo sviluppo di sistemi di IA complessi. Linguaggi come **Python** hanno guadagnato popolarità grazie alla loro sintassi semplice e alla vasta disponibilità di librerie specializzate. Librerie come TensorFlow e PyTorch hanno svolto un ruolo cruciale, fornendo strumenti che semplificano notevolmente la progettazione, l'addestramento e il deployment di modelli di apprendimento profondo. Queste librerie offrono astrazioni ad alto livello per operazioni complesse, come la definizione di architetture di reti neurali e l'applicazione di tecniche di ottimizzazione avanzate. Ciò consente ai ricercatori di focalizzarsi sugli aspetti algoritmici e teorici senza la necessità di gestire i dettagli di implementazione a basso livello, accelerando così il ciclo di sviluppo e iterazione dei modelli.

Anche i concetti fondamentali dell'IA hanno subito un'evoluzione significativa. **La comprensione di cosa significhi "apprendere" per una macchina è cambiata radicalmente.** Inizialmente, la ricerca si concentrava su modelli simbolici e approcci basati su regole, che richiedevano una codifica esplicita delle conoscenze. Con l'avvento dell'apprendimento automatico e, in particolare, dell'apprendimento profondo, il paradigma si è spostato verso la creazione di modelli capaci di estrarre autonomamente rappresentazioni significative dai dati. Questo cambiamento ha portato allo sviluppo di algoritmi in grado di migliorare le proprie performance attraverso l'esposizione a grandi quantità di dati non strutturati, aprendo la strada a progressi significativi in campi come il riconoscimento visivo e il trattamento del linguaggio naturale. La capacità di apprendere rappresentazioni complesse e di generalizzare a nuovi dati è diventata un elemento chiave del successo degli approcci moderni.

Un concetto chiave che ha guidato lo sviluppo dell'IA è quello della funzione di perdita, che è una misura quantitativa di quanto le previsioni di un modello si discostano dai risultati attesi. L'ottimizzazione di questa funzione attraverso tecniche come la discesa del gradiente stocastico ha permesso di affinare i modelli di apprendimento profondo. La discesa del gradiente stocastico, in particolare, è una tecnica di ottimizzazione iterativa che aggiorna i pesi del modello in direzione del gradiente negativo della funzione di perdita, riducendo progressivamente l'errore di previsione. Questo approccio ha reso i modelli sempre più accurati e affidabili, consentendo loro di apprendere rappresentazioni complesse dai dati.

La formulazione matematica della funzione di perdita e delle tecniche di ottimizzazione rappresenta un esempio concreto di come concetti astratti possano avere un impatto diretto sulle capacità delle macchine di apprendere e di prendere decisioni, influenzando il modo in cui le reti neurali vengono addestrate per risolvere problemi complessi.

Dall'automazione all'apprendimento automatico

Il passaggio dall'automazione tradizionale all'apprendimento automatico rappresenta una delle trasformazioni più rilevanti e complesse nel campo dell'intelligenza artificiale, caratterizzata da un cambiamento radicale nella concezione e implementazione dei sistemi intelligenti. Mentre **l'automazione tradizionale** si basa su algoritmi statici e deterministici che eseguono compiti specifici seguendo regole ben definite e immutabili, **l'apprendimento automatico** consente alle macchine di apprendere in modo dinamico e adattativo dai dati e dalle esperienze, migliorando progressivamente le loro prestazioni senza la necessità di un intervento di programmazione esplicita per ogni singolo compito.

Le differenze tra i due approcci sono chiaramente delineate: nell'automazione tradizionale, ogni azione e decisione deve essere codificata in modo esplicito dagli sviluppatori, il che limita le macchine alla mera esecuzione di compiti predefiniti e statici. Questo approccio risulta efficace per operazioni ripetitive e ben strutturate, in cui le variabili sono limitate e prevedibili, ma non consente alle macchine di adattarsi a nuovi scenari o di gestire situazioni non previste.

Al contrario, l'apprendimento automatico si fonda sull'idea che le macchine possano autonomamente identificare pattern complessi e prendere decisioni basate su ampie quantità di dati, ampliando significativamente le loro potenzialità operative e introducendo la capacità di gestire compiti complessi e variabili nel tempo, anche in assenza di regole predefinite.

Dal punto di vista tecnologico, l'automazione tradizionale si basa su sistemi deterministici, nei quali le regole e i flussi di lavoro sono chiaramente definiti e non soggetti a modifiche dinamiche. L'apprendimento automatico utilizza algoritmi avanzati che analizzano grandi quantità di dati per effettuare previsioni o prendere decisioni informate, spesso attraverso tecniche sofisticate come le reti neurali artificiali, le quali simulano proprio il funzionamento dei neuroni umani, permettendo alle macchine di "apprendere" da esempi concreti senza la necessità di regole specifiche. Queste reti neurali sono composte da strati multipli di nodi interconnessi, ciascuno dei quali elabora una parte del dato in ingresso, consentendo una rappresentazione gerarchica e astratta delle informazioni. Un esempio pratico di questa differenza si trova **nell'elaborazione del linguaggio naturale (NLP)**. Un sistema di automazione tradizionale potrebbe rispondere a comandi vocali semplici basati su parole chiave predefinite, senza comprendere il contesto o le sfumature del linguaggio, mentre un sistema basato sull'apprendimento automatico è in grado di comprendere e processare il linguaggio umano in modo più sofisticato, interpretando le sfumature semantiche e il contesto in cui le parole vengono utilizzate per fornire risposte più accurate e contestualizzate. Questo avviene tramite modelli di NLP avanzati che utilizzano tecniche di "embedding" semantico e reti neurali ricorrenti o trasformatori per catturare la struttura sintattica e semantica del linguaggio.

L'apprendimento automatico richiede una potenza di calcolo significativamente maggiore rispetto all'automazione tradizionale, a causa della necessità di elaborare grandi dataset e di eseguire complessi calcoli matematici per l'addestramento dei modelli. Questo ha portato allo sviluppo di hardware specializzato, come le GPU (Graphics Processing Units) e le TPU (Tensor Processing Units), che sono progettate per eseguire operazioni di calcolo parallelo ad alta intensità in modo più efficiente rispetto alle CPU tradizionali. Le GPU, con la loro architettura parallela, sono particolarmente adatte per l'elaborazione di grandi volumi di dati, mentre le TPU sono ottimizzate per accelerare i processi di training e inferenza dei modelli di apprendimento automatico, riducendo significativamente i tempi di calcolo e migliorando l'efficienza energetica.

CAPITOLO 3:
COMPRENSIONE
APPROFONDITA DELL'IA

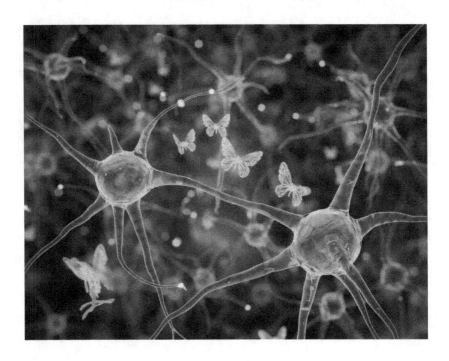

Nel campo dell'intelligenza artificiale (IA), è cruciale effettuare una distinzione netta e precisa tra **IA debole** e **IA forte**, poiché tale differenziazione è essenziale per una comprensione accurata delle attuali capacità tecniche delle tecnologie esistenti e per orientare in modo realistico le aspettative future nel settore.

L'**IA debole**, conosciuta anche con i termini di **IA narrow** o **specializzata**, si riferisce a sistemi progettati meticolosamente per eseguire compiti specifici e ben definiti, senza possedere alcuna forma di intelligenza generale o coscienza autonoma. Esempi di IA debole includono assistenti vocali come Siri o Alexa, che utilizzano algoritmi di elaborazione del linguaggio naturale per interpretare e rispondere a comandi vocali, sistemi di raccomandazione come quelli di Netflix o Amazon, i quali analizzano le abitudini di visualizzazione o acquisto degli utenti per suggerire contenuti o prodotti personalizzati, e software di riconoscimento facciale che identificano volti umani analizzando caratteristiche biometriche specifiche. Questi sistemi operano rigorosamente entro limiti ben definiti, con funzioni strettamente circoscritte all'ambito per cui sono stati programmati, evitando ogni forma di generalizzazione oltre il loro scopo originale.

L'**IA forte**, al contrario, si pone l'ambizioso obiettivo di replicare o addirittura superare l'intelligenza umana, dotando le macchine della capacità di comprendere, apprendere e applicare conoscenze in contesti vari e non predeterminati, mostrando una forma di coscienza o autoconsapevolezza. Questo tipo di IA rappresenta un obiettivo a lungo termine della ricerca avanzata in IA, con implicazioni profonde e controversie etiche e filosofiche che richiedono un'analisi dettagliata. Attualmente, non esistono esempi concreti di IA forte, ma il concetto stimola discussioni fondamentali sulla direzione futura dell'intelligenza artificiale e sulle sue potenziali interazioni con la società umana, sollevando interrogativi su temi come l'autonomia decisionale delle macchine e l'impatto sulla forza lavoro.

Per comprendere in modo approfondito il funzionamento di questi sistemi, è essenziale esplorare il ruolo cruciale degli **algoritmi** e delle **reti neurali**.

Gli **algoritmi di IA** consistono in istruzioni dettagliate e precise che guidano il comportamento dei computer nell'esecuzione di compiti specifici. Possono spaziare da semplici regole condizionali, che determinano azioni basate su condizioni predefinite, a complessi modelli matematici che consentono alle macchine di apprendere dai dati attraverso processi di ottimizzazione e adattamento continuo. L'apprendimento automatico, un sottoinsieme dell'IA, si basa sull'idea che i sistemi possano autonomamente apprendere da dati grezzi, identificare pattern complessi e prendere decisioni con un intervento umano minimo, spesso attraverso l'uso di reti neurali, che sono strutture computazionali ispirate alla complessa architettura del cervello umano.

Le **reti neurali** sono composte da nodi, o "neuroni", che sono interconnessi in strati che trasmettono segnali in una sequenza organizzata. Una rete tipica include uno strato di input, dove i dati iniziali vengono introdotti nel sistema, uno o più strati nascosti, dove avvengono elaborazioni complesse tramite funzioni di attivazione e pesi sinaptici, e uno strato di output, dove il risultato finale è prodotto. Ogni neurone riceve input, esegue calcoli basati su una funzione di attivazione e trasmette l'output ai neuroni dello strato successivo. Il processo di addestramento avviene in modo iterativo: la rete è esposta a grandi quantità di dati e regola progressivamente i pesi delle connessioni tra i neuroni per minimizzare l'errore nelle previsioni o classificazioni, utilizzando algoritmi di ottimizzazione come la discesa del gradiente. Questo processo, noto come **apprendimento supervisionato**, è uno dei metodi più comuni nell'IA e richiede un set di dati di addestramento con esempi etichettati che fungono da riferimento per l'apprendimento.

Un'altra tecnica fondamentale è l'**apprendimento non supervisionato,** dove i sistemi cercano di identificare pattern e strutture nei dati senza etichette predefinite, utilizzando metodi come "clustering" e "riduzione della dimensionalità". Questo approccio è particolarmente utile per l'analisi esplorativa dei dati o in situazioni in cui le etichette non sono disponibili o sono troppo costose da ottenere.

L'apprendimento per rinforzo si concentra sull'interazione dinamica tra un agente e il suo ambiente, dove l'agente impara a compiere azioni che massimizzano una ricompensa cumulativa nel tempo, utilizzando tecniche come la "programmazione dinamica" e "l'approssimazione delle funzioni di valore", un approccio applicato con successo in contesti come i giochi strategici e la robotica autonoma, dove la capacità di adattamento e la flessibilità decisionale sono cruciali.

L'efficacia dell'apprendimento supervisionato e non supervisionato è strettamente correlata non solo alla qualità intrinseca dei dati, ma anche alla loro quantità e diversità, che devono essere sufficientemente rappresentative del problema da risolvere. In questo contesto, il concetto di big data diventa cruciale: si tratta di insiemi di dati che non solo sono vasti in termini di volume, ma presentano anche una varietà complessa e una velocità di generazione che sfida le capacità delle tecniche di elaborazione tradizionali. Questi dataset possono includere dati strutturati, come tabelle numeriche, dati semi-strutturati, come file XML o JSON, e dati non strutturati, come immagini, video e testo. L'intelligenza artificiale utilizza algoritmi avanzati per analizzare tali dataset, sfruttando tecniche come la normalizzazione e la riduzione della dimensionalità per gestire l'eterogeneità e la ridondanza dei dati, migliorando così la precisione delle previsioni e delle decisioni. Questo approccio consente di esplorare nuove frontiere nel campo dell'IA, facilitando lo sviluppo di sistemi in grado di gestire compiti complessi con livelli di sofisticazione sempre maggiori.

Un elemento cruciale nell'addestramento delle reti neurali è rappresentato dalla **funzione di attivazione**, la quale determina se un neurone deve essere attivato o meno in base all'input ricevuto. Questa decisione ha un impatto diretto sulla capacità della rete di apprendere pattern complessi nei dati. Ad esempio, la funzione sigmoide, che mappa l'input in un intervallo tra 0 e 1, è utile per problemi di classificazione binaria ma può presentare problemi di saturazione che rallentano la convergenza.

La tangente iperbolica, invece, mappa l'input in un intervallo compreso tra -1 e 1, offrendo un output centrato che può accelerare l'apprendimento.

La **ReLU (Rectified Linear Unit)** è ampiamente utilizzata per la sua capacità di mitigare il problema del "vanishing gradient" e di accelerare il processo di addestramento, mantenendo al contempo una semplicità computazionale. La scelta della funzione di attivazione deve essere attentamente considerata in relazione alla natura del problema e alla struttura della rete, poiché influenza direttamente la velocità di apprendimento e la qualità finale del modello.

La **discesa del gradiente** è un algoritmo di ottimizzazione fondamentale nell'addestramento delle reti neurali, il cui obiettivo è minimizzare la funzione di perdita attraverso l'aggiornamento iterativo dei pesi della rete. Questo processo avviene calcolando il gradiente della funzione di perdita rispetto ai pesi e aggiornando i pesi nella direzione opposta al gradiente stesso.

La **discesa del gradiente stocastico (SGD)** introduce una variazione significativa, poiché aggiorna i pesi utilizzando un singolo campione o un piccolo "batch" di dati alla volta, anziché l'intero dataset. Questo introduce un elemento di casualità che può aiutare a sfuggire ai minimi locali e migliorare la convergenza, specialmente in spazi di ricerca altamente non convessi. Tuttavia, la scelta del tasso di apprendimento e del "batch size" sono parametri critici che richiedono un'attenta calibrazione per evitare problemi di divergenza o di lento apprendimento.

L'apprendimento profondo si distingue per l'utilizzo di reti neurali con molteplici strati nascosti, ciascuno dei quali è in grado di estrarre e modellare relazioni complesse nei dati. Questa capacità di apprendere rappresentazioni gerarchiche consente di ottenere risultati straordinari in campi come il riconoscimento di immagini, dove le reti convoluzionali possono identificare caratteristiche come bordi e forme, e nel riconoscimento vocale, dove le reti ricorrenti possono catturare dipendenze temporali nei segnali audio. Anche nella traduzione automatica, l'uso di reti neurali profonde, come i trasformatori, ha rivoluzionato l'approccio alla modellazione del linguaggio naturale, migliorando significativamente la qualità delle traduzioni.

Nella **guida autonoma**, le reti neurali profonde sono impiegate per interpretare dati sensoriali complessi, come immagini e dati lidar, al fine di prendere decisioni in tempo reale. Queste applicazioni dimostrano la capacità dell'IA di eseguire compiti che richiedono un elevato livello di astrazione e comprensione, sfruttando la potenza computazionale e la capacità di apprendimento delle reti profonde.

La sfida principale nello sviluppo dell'intelligenza artificiale non si limita alla creazione di algoritmi più efficienti o all'accesso a quantità maggiori di dati, ma include anche la necessità di garantire che questi sistemi siano etici, trasparenti e giusti. Il rischio di bias algoritmico è particolarmente critico, poiché pregiudizi esistenti nei dati di addestramento possono portare a risultati distorti o discriminatori. Questo richiede un'analisi rigorosa dei dati di input, una selezione attenta delle feature e l'implementazione di tecniche di "debiasing". Inoltre, è fondamentale sviluppare algoritmi di IA che siano interpretabili e spiegabili, **soprattutto in applicazioni critiche come la medicina e il diritto**, dove le decisioni basate sull'IA devono essere comprensibili e giustificabili per gli utenti finali. Tecniche come **l'analisi delle feature di importanza**, i **"surrogate model"** e le **visualizzazioni delle decisioni** possono contribuire a rendere i modelli di IA più trasparenti e a costruire la fiducia degli utenti nei sistemi automatizzati.

Definizioni operative di intelligenza artificiale

Nell'ambito delle definizioni operative di intelligenza artificiale, è essenziale effettuare una **chiara distinzione tra i diversi paradigmi di apprendimento che costituiscono la**

base delle capacità computazionali delle macchine. Questi paradigmi comprendono l'apprendimento supervisionato, l'apprendimento non supervisionato e l'apprendimento per rinforzo, ciascuno con applicazioni specifiche e limitazioni intrinseche che devono essere comprese in dettaglio.

1. Apprendimento supervisionato: questo approccio si basa sull'utilizzo di un dataset etichettato, in cui ogni esempio di addestramento è composto da una coppia input-output, con l'output che rappresenta l'etichetta corretta associata all'input. L'obiettivo principale è sviluppare un modello predittivo in grado di generalizzare dalle osservazioni addestrate per effettuare accurate previsioni su nuovi dati non visti. Ad esempio, nella classificazione delle email in "spam" o "non spam", il modello è addestrato su un corpus di email pre-etichettate, analizzando caratteristiche specifiche come la frequenza di parole chiave, la presenza di link sospetti o la struttura grammaticale del testo, che possono distinguere efficacemente le due categorie. Il processo di apprendimento è guidato dalla funzione di perdita $L(y, \hat{y})$, dove y rappresenta l'etichetta vera e $\hat{y}$ la predizione del modello. L'addestramento mira a minimizzare questa funzione di perdita attraverso l'ottimizzazione iterativa dei parametri del modello, come i pesi e i bias, utilizzando algoritmi come la discesa del gradiente stocastica.

2. Apprendimento non supervisionato: in questo paradigma, i dati non sono etichettati e l'attenzione è posta sull'identificazione di pattern latenti o strutture intrinseche nei dati stessi. Un'applicazione tipica è la segmentazione del mercato, dove si cerca di raggruppare i consumatori in cluster omogenei basati su comportamenti di acquisto o preferenze. Le tecniche utilizzate includono il **clustering**, come **"l'algoritmo k-means"**, che suddivide i dati in k gruppi basati sulla somiglianza delle loro caratteristiche, e la **riduzione della dimensionalità**, come **l'analisi delle componenti principali (PCA)**, che riduce il numero di variabili mantenendo la varianza più significativa dei dati. Queste tecniche permettono di estrarre informazioni significative da grandi volumi di dati, facilitando l'interpretazione e l'analisi.

3. Apprendimento per rinforzo: questo tipo di apprendimento è caratterizzato dall'interazione continua di un agente con un ambiente, con l'obiettivo di massimizzare una ricompensa cumulativa. L'agente apprende a selezionare azioni che ottimizzano il rendimento complessivo attraverso un processo di trial and error.

Un esempio emblematico è l'addestramento di un sistema di IA per giocare a scacchi o a Go, dove ogni mossa viene valutata in base al suo contributo al successo a lungo termine.

La funzione di valore $V(s)$ fornisce una stima del valore totale delle ricompense future a partire dallo stato s, mentre la funzione di politica $\pi(a|s)$ definisce la probabilità di scegliere un'azione a in uno stato s. L'apprendimento è guidato da algoritmi come **Q-learning** o il **metodo dell'attore-critico**, che aggiornano le stime di valore e le politiche basandosi sull'esperienza accumulata.

Un concetto fondamentale nell'IA è la **rete neurale artificiale**, un modello computazionale ispirato alla struttura del cervello umano, composto da unità di elaborazione, o neuroni, organizzati in strati. I neuroni in uno strato ricevono input dai neuroni dello strato precedente, eseguono calcoli tramite **funzioni di attivazione non lineari come la ReLU (Rectified Linear Unit) o la sigmoide**, e trasmettono l'output ai neuroni dello strato successivo. La capacità di una rete neurale di apprendere è determinata dalla modifica dei pesi delle connessioni sinaptiche tra i neuroni durante il processo di addestramento, che avviene tramite algoritmi di "backpropagation" e ottimizzazione.

Un'altra pietra miliare dell'IA è **l'elaborazione del linguaggio naturale (NLP)**, che consente alle macchine di comprendere, interpretare e generare il linguaggio umano. Tecniche avanzate di NLP, come i modelli di trasformatori, hanno rivoluzionato il campo, portando a progressi significativi in applicazioni come la traduzione automatica, la generazione di testo e la comprensione del linguaggio naturale. I trasformatori, attraverso meccanismi di attenzione, riescono a catturare le dipendenze contestuali tra le parole in un testo, migliorando notevolmente la qualità delle predizioni rispetto ai modelli sequenziali tradizionali come le reti neurali ricorrenti (RNN).

Definizioni fondamentali dell'IA

Nell'ambito delle definizioni fondamentali dell'intelligenza artificiale, è cruciale chiarire alcuni termini tecnici e concetti chiave spesso fonte di confusione. Uno di questi è il **machine learning** (apprendimento automatico), una sottocategoria dell'IA, che si basa sull'idea che le macchine possano apprendere dai dati e migliorare le loro prestazioni nel tempo senza essere programmate esplicitamente per ogni compito specifico. Questo approccio si distingue per la sua capacità di adattarsi a nuovi dati con una flessibilità superiore rispetto ai tradizionali sistemi di automazione. In particolare, l'apprendimento automatico si avvale di algoritmi che analizzano grandi quantità di dati, riconoscendo pattern e regolarità che vengono poi utilizzati per effettuare previsioni o decisioni. Gli algoritmi di machine learning possono essere **supervisionati, non supervisionati o semi-supervisionati**, ognuno dei quali si applica a scenari specifici a seconda della disponibilità e della natura dei dati etichettati.

Un altro termine fondamentale è il **deep learning** (apprendimento profondo), un sottoinsieme del machine learning che utilizza reti neurali con molteplici strati per elaborare dati complessi, come immagini, suoni o testi. Queste reti identificano pattern e caratteristiche nei dati che risultano eccessivamente complessi per metodi tradizionali. La capacità delle reti neurali profonde di apprendere rappresentazioni di dati a vari livelli di astrazione ha guidato il recente progresso nel campo dell'IA. Le reti neurali profonde, o **deep neural networks**, sono costituite da strati di neuroni artificiali, dove ciascun neurone effettua calcoli basati sugli input ricevuti e trasmette l'output ai neuroni del livello successivo. Gli strati intermedi, noti come **strati nascosti**, consentono di catturare rappresentazioni gerarchiche dei dati, permettendo alla rete di comprendere caratteristiche di alto livello che emergono dai dati grezzi.

Per comprendere meglio il funzionamento di questi sistemi, è utile esaminare il concetto di **funzione di attivazione** nelle reti neurali. Le funzioni di attivazione determinano l'output di un neurone in base agli input ricevuti e sono essenziali per introdurre la **non-linearità nel processo di apprendimento**, consentendo alle reti di modellare relazioni complesse nei dati. Senza funzioni di attivazione non lineari, una rete neurale si ridurrebbe a un modello lineare semplice, limitando la sua capacità di elaborazione. Le funzioni di attivazione comuni includono la **sigmoide**, la **tangente iperbolica** e la **ReLU**, ognuna delle quali offre diverse proprietà in termini di derivabilità e saturazione, influenzando l'efficienza dell'addestramento e la capacità di generalizzazione del modello.

Un esempio di funzione di attivazione è la **ReLU (Rectified Linear Unit)**, definita come $f(x) = max(0,x)$. Questa funzione è computazionalmente efficiente e aiuta a mitigare il problema del "vanishing gradient", che può verificarsi con altre funzioni di attivazione durante l'addestramento delle reti neurali profonde. La ReLU introduce una non-linearità semplice ma efficace, consentendo ai modelli di apprendere pattern complessi senza compromettere la velocità di calcolo. Tuttavia, la ReLU può soffrire del problema del **"dying**

ReLU", in cui i neuroni possono rimanere inattivi per sempre se ricevono input negativi, motivo per cui varianti come la **Leaky ReLU** sono state proposte per affrontare tale problematica.

Il **gradient descent** (discesa del gradiente) è un algoritmo di ottimizzazione utilizzato per minimizzare la funzione di perdita, che misura la differenza tra l'output previsto dal modello e l'output reale. L'algoritmo aggiorna iterativamente i pesi della rete in direzione opposta al gradiente della funzione di perdita, riducendo così l'errore del modello. La versione stocastica di questo algoritmo, nota come **SGD (Stochastic Gradient Descent)**, utilizza un sottoinsieme casuale dei dati ad ogni iterazione, rendendo l'addestramento più efficiente su grandi dataset. L'SGD introduce una variabilità nei passi di aggiornamento che può aiutare a sfuggire da minimi locali e a trovare soluzioni migliori, sebbene richieda un tuning accurato del tasso di apprendimento per garantire la convergenza.

Discutere il concetto di **overfitting** è fondamentale, poiché si verifica quando un modello di IA apprende eccessivamente dai dati di addestramento, inclusi i rumori e le anomalie, riducendo la sua capacità di generalizzare su dati non visti. Per combattere l'overfitting, si possono impiegare tecniche come la regolarizzazione, che aggiunge un termine di penalità alla funzione di perdita, e il "dropout", che consiste nel disattivare casualmente alcuni neuroni durante l'addestramento per aumentare la robustezza del modello. La regolarizzazione può includere metodi come L1 e L2, che penalizzano rispettivamente la somma dei valori assoluti e la somma dei quadrati dei pesi, mentre il dropout riduce la co-adattazione tra neuroni, incoraggiando la rete a sviluppare rappresentazioni più generali e meno dipendenti da specifici percorsi di attivazione.

IA debole vs IA forte: differenze ed esempi

Esaminare la distinzione tra **IA debole** e **IA forte** è cruciale per comprendere come queste differenze influenzino le capacità tecniche delle macchine e le implicazioni etiche e sociali del loro utilizzo.

L'**IA debole** è progettata per eseguire compiti specifici, utilizzando algoritmi di apprendimento automatico che ottimizzano l'esecuzione di tali compiti senza una comprensione del mondo esterno. Questi sistemi impiegano tecniche come il **machine learning supervisionato**, in cui un modello viene addestrato su un dataset etichettato per apprendere una funzione di mappatura da input a output, o il **reinforcement learning**, dove un agente apprende a compiere azioni in un ambiente per massimizzare una ricompensa cumulativa. Tuttavia, la loro operatività è limitata a quanto programmato dagli sviluppatori, poiché non possiedono la capacità di adattarsi a situazioni non previste o di comprendere contesti al di fuori del loro dominio specifico.

Al contrario, l'**IA forte** si propone di creare macchine con un'intelligenza simile a quella umana, capaci di apprendere, ragionare, comprendere e interagire autonomamente con l'ambiente. Questo tipo di IA richiede la **capacità di generalizzare le conoscenze acquisite per affrontare problemi nuovi e non predefiniti**, implicando lo sviluppo di algoritmi avanzati di intelligenza artificiale che integrano tecniche di deep learning con reti neurali profonde e architetture di apprendimento non supervisionato. La realizzazione di un'IA forte presenta sfide tecniche considerevoli, come la creazione di modelli in grado di gestire la comprensione del linguaggio naturale a un livello umano o la capacità di effettuare inferenze logiche complesse, e solleva questioni etiche significative, come la responsabilità delle decisioni prese da queste macchine e il loro impatto sulla società, inclusi aspetti quali la privacy dei dati e la sicurezza.

Esempi concreti di IA debole includono i sistemi di riconoscimento vocale, come quelli integrati negli smartphone, che utilizzano modelli di trasformazione del linguaggio per interpretare comandi vocali specifici, o i software di diagnosi medica, che analizzano immagini radiologiche per identificare patologie secondo parametri ben definiti attraverso l'uso di reti neurali convoluzionali. Questi sistemi operano all'interno di limiti ben circoscritti e non possiedono la capacità di andare oltre le istruzioni programmate, in quanto non possono adattarsi a nuove situazioni senza un significativo intervento umano per il loro riaddestramento.

Nel contesto dell'**IA forte**, la ricerca esplora lo sviluppo di sistemi capaci di apprendimento continuo e autonomo. Un esempio ipotetico potrebbe essere un robot dotato di IA forte che, inviato in ambienti sconosciuti, come i fondali oceanici o lo spazio, sia in grado di navigare, prendere decisioni e risolvere problemi senza intervento umano, apprendendo dall'ambiente e adattando le proprie strategie. Questo richiederebbe la capacità di elaborare dati sensoriali complessi in tempo reale e di utilizzare algoritmi di pianificazione basati su modelli predittivi che considerano molteplici variabili ambientali.

L'impatto potenziale dell'IA debole è già evidente in numerosi settori, dalla medicina all'industria, dove queste tecnologie migliorano l'efficienza e la precisione delle operazioni attraverso l'automazione di processi ripetitivi e l'analisi di grandi volumi di dati. Tuttavia, l'IA forte, con le sue capacità potenzialmente illimitate, potrebbe rivoluzionare il modo in cui interagiamo con la tecnologia, portando benefici inimmaginabili ma anche rischi significativi, quali la perdita di posti di lavoro dovuta all'automazione avanzata, problemi di sicurezza legati alla possibilità di azioni autonome non controllate e questioni relative alla sovranità decisionale, dove le macchine potrebbero prendere decisioni critiche senza supervisione umana diretta.

Algoritmi e reti Neurali: esempi pratici

Per comprendere nel dettaglio il funzionamento degli algoritmi nell'ambito dell'intelligenza artificiale, consideriamo un esempio specifico di algoritmo di classificazione delle immagini. Questo algoritmo è progettato per analizzare fotografie digitali e determinare con precisione se l'immagine contiene un gatto o un cane. Il processo inizia con una fase di "addestramento" intensivo, durante la quale l'algoritmo viene esposto a un vasto dataset costituito da migliaia, o persino milioni, di immagini pre-etichettate. Queste immagini sono categorizzate in modo tale che l'algoritmo possa apprendere le caratteristiche distintive che separano un gatto da un cane. Tali caratteristiche includono la forma e la posizione delle orecchie, che nei gatti tendono ad essere più appuntite e erette rispetto a quelle dei cani, la dimensione complessiva del corpo, che può variare notevolmente tra le due specie, e il tipo di pelo, che nei gatti è spesso più fine e uniforme. Dopo aver completato questa fase di addestramento, l'algoritmo acquisisce la capacità di analizzare e classificare nuove immagini con un grado di affidabilità che dipende dalla qualità e dalla quantità dei dati di addestramento utilizzati.

Le **reti neurali convoluzionali** rappresentano un avanzamento significativo in questo processo di classificazione delle immagini. Una rete neurale dedicata a questo scopo è composta da molteplici strati, ognuno con una funzione specifica nell'identificazione di caratteristiche sempre più complesse. Il primo strato, noto come strato di convoluzione, si concentra sul riconoscimento di bordi e linee semplici, rilevando variazioni di pixel che formano contorni. Il secondo strato, che potrebbe essere un altro strato di convoluzione o uno strato di pooling, identifica forme più complesse combinando i contorni precedentemente rilevati.

Gli strati successivi, spesso più profondi e complessi, sono responsabili dell'identificazione di strutture ancora più intricate, come la disposizione delle parti del viso di un animale, includendo occhi, naso e bocca. Questo processo di elaborazione stratificata è ispirato al modo in cui il cervello umano elabora le informazioni visive, attraverso la corteccia visiva primaria e le aree adiacenti.

Un concetto fondamentale nel funzionamento delle reti neurali è il cosiddetto **"processo di backpropagation"**, essenziale per l'apprendimento dai propri errori. Dopo che la rete ha effettuato una classificazione di un'immagine, il risultato viene confrontato con l'etichetta corretta fornita nel dataset di addestramento. In caso di errore, l'algoritmo applica un algoritmo di ottimizzazione, spesso la discesa del gradiente, per regolare i pesi sinaptici all'interno della rete. Questo aggiustamento è calcolato in base al contributo di ciascun neurone all'errore complessivo, permettendo alla rete di correggere gradualmente le sue previsioni future. Questo ciclo di classificazione, confronto e correzione viene ripetuto migliaia o milioni di volte, consentendo alla rete di affinare continuamente le sue capacità di classificazione.

Consideriamo un esempio pratico in cui una rete ha classificato erroneamente un'immagine di un gatto come un cane. Durante il processo di backpropagation, l'algoritmo esamina il contributo di ciascun neurone all'errore di classificazione. Vengono quindi aggiustati i pesi associati ai neuroni che hanno sottovalutato caratteristiche tipiche dei gatti, come le orecchie a punta e la forma del muso. Questo aggiustamento dei pesi è fondamentale per garantire che tali caratteristiche abbiano un impatto maggiore sul risultato finale nelle future classificazioni. Con un addestramento sufficiente e un dataset adeguato, la rete migliora progressivamente la sua precisione nella classificazione.

Un altro aspetto critico del processo di addestramento delle reti neurali è la **scelta del "learning rate"**, che determina la velocità con cui la rete si adatta durante l'addestramento. Un learning rate troppo elevato può causare oscillazioni eccessive nei pesi, portando a "saltare" la soluzione ottimale e a una convergenza instabile. Al contrario, un learning rate troppo basso può rallentare significativamente il processo di addestramento, intrappolando la rete in soluzioni subottimali e rendendo l'ottimizzazione inefficace. La scelta di un learning rate appropriato è quindi cruciale per garantire l'efficacia e l'efficienza dell'addestramento della rete, richiedendo spesso tecniche di tuning automatico o manuale per trovare il valore ottimale in base alla specifica architettura della rete e al dataset utilizzato.

CAPITOLO 4: PROBLEMI NASCOSTI DELL'IA

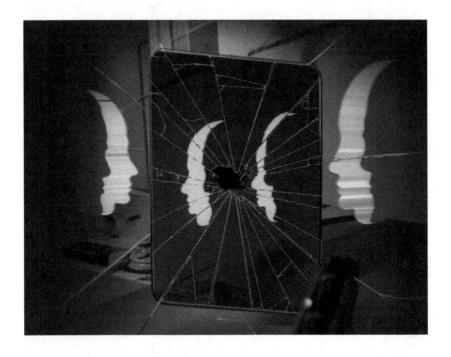

Nel contesto dell'intelligenza artificiale, il **bias algoritmico** rappresenta una delle problematiche più complesse e difficili da rilevare, in quanto può condurre a decisioni distorte che riflettono pregiudizi preesistenti nella società. Questi bias possono avere origine dai dati impiegati per l'addestramento degli algoritmi, i quali spesso contengono rappresentazioni parziali o stereotipate di individui o gruppi sociali. Ad esempio, consideriamo un algoritmo di riconoscimento facciale addestrato prevalentemente su immagini di persone appartenenti a un'unica etnia. In tale scenario, l'algoritmo potrebbe manifestare una significativa riduzione delle prestazioni nel riconoscimento di individui appartenenti a etnie diverse, portando a errori di classificazione. Tali errori **possono avere conseguenze gravi**, come il negare ingiustamente l'accesso a servizi essenziali o opportunità lavorative, a causa di una rappresentazione non equa nei dati di addestramento.

Un altro aspetto di fondamentale importanza è la **trasparenza degli algoritmi**. Molti sistemi di intelligenza artificiale operano come "scatole nere", dove i processi decisionali interni restano opachi e difficilmente interpretabili. Questo solleva questioni critiche di responsabilità, poiché diventa complesso determinare la causa di decisioni errate o discriminatorie. L'interpretabilità dell'IA è essenziale per garantire che le decisioni prese dalle macchine possano essere comprese e valutate in modo critico. La mancanza di trasparenza rende difficile per gli sviluppatori e gli utenti finali comprendere quali fattori abbiano influenzato una decisione specifica, limitando così la possibilità di identificare e correggere eventuali bias intrinseci.

Affrontare questi problemi richiede l'adozione di **strategie di "debiasing"** e lo sviluppo di algoritmi che siano non solo più trasparenti ma anche interpretabili. Il processo di debiasing implica una revisione meticolosa dei dataset di addestramento, al fine di garantire che essi siano rappresentativi della diversità della popolazione. Tecniche avanzate come **l'apprendimento federato** possono migliorare la capacità di generalizzazione degli algoritmi, consentendo loro di apprendere da una gamma più ampia di dati distribuiti geograficamente, senza la necessità di centralizzare informazioni sensibili che potrebbero compromettere la privacy.

La trasparenza può essere incrementata attraverso l'adozione di **modelli di IA esplicabili,** che offrono una visione chiara dei fattori e delle variabili che influenzano le decisioni dell'algoritmo. Questo approccio facilita la comprensione dei processi decisionali dell'IA, permettendo di identificare e correggere potenziali bias. L'implementazione di **framework etici** e la **regolamentazione da parte delle autorità competenti** possono svolgere un ruolo fondamentale nel garantire che l'uso dell'IA sia guidato da principi di giustizia, equità e trasparenza, assicurando che le tecnologie emergenti siano sviluppate e utilizzate in modo responsabile e consapevole.

Bias e discriminazione algoritmica

Per affrontare il fenomeno del bias e della discriminazione algoritmica è cruciale comprendere a fondo le modalità attraverso le quali tali distorsioni si generano e si perpetuano mediante l'uso delle tecnologie di intelligenza artificiale. Il **bias algoritmico** può avere origine in molteplici fasi del ciclo di vita dell'intelligenza artificiale, a partire dalla raccolta dei dati fino alla loro elaborazione e interpretazione. I dati costituiscono il fondamento su cui gli algoritmi di apprendimento automatico basano le loro previsioni e decisioni. Se i dataset di addestramento sono affetti da pregiudizi o non riflettono adeguatamente la realtà, gli algoritmi tenderanno a perpetuare o amplificare questi bias. Ad esempio, un sistema di intelligenza artificiale progettato per la selezione dei candidati per una posizione lavorativa potrebbe sviluppare pregiudizi di genere se viene addestrato su un dataset in cui la maggior parte dei profili professionali di successo appartiene a un unico genere, portando a una rappresentazione distorta e non equa delle competenze.

La **fase di progettazione degli algoritmi** rappresenta un momento di cruciale importanza in cui i pregiudizi possono insinuarsi. Gli sviluppatori, spesso inconsapevolmente, possono trasferire i propri bias cognitivi nella creazione degli algoritmi, influenzando in tal modo il modo in cui l'intelligenza artificiale elabora i dati e prende decisioni. Questo aspetto evidenzia la necessità di formare team di sviluppo diversificati e inclusivi, capaci di riconoscere e mitigare i propri pregiudizi. La diversità all'interno dei team di sviluppo è fondamentale per garantire una **pluralità di prospettive** che possa identificare e correggere potenziali bias, evitando che questi passino inosservati e si traducano in decisioni discriminatorie. **L'interpretazione dei risultati** costituisce un ulteriore passaggio critico in cui il bias può manifestarsi. Anche nel caso in cui un algoritmo operi su dati apparentemente neutri, il modo in cui i risultati vengono interpretati e utilizzati può introdurre discriminazioni. Un esempio tangibile è rappresentato da un sistema di intelligenza artificiale che identifica erroneamente un gruppo demografico come a rischio maggiore per determinate malattie, portando così all'implementazione di politiche sanitarie discriminatorie. In questo contesto, l'errore risiede non tanto nei dati stessi, quanto piuttosto nell'interpretazione errata di tali dati, che può avere conseguenze significative e ingiuste.

Per contrastare efficacemente il bias e la discriminazione algoritmica, si possono adottare diverse strategie mirate e specifiche:

1. Garantire che i dataset siano il più possibile rappresentativi e privi di pregiudizi, il che implica la raccolta di dati provenienti da una varietà di fonti diverse e la verifica rigorosa della loro qualità. Questo processo richiede un'analisi dettagliata della composizione dei dati per assicurare che tutti i gruppi demografici siano equamente rappresentati.

2. Coinvolgere team di sviluppo diversificati è essenziale per ridurre il rischio di trasferire bias inconsci negli algoritmi. La diversità nei team aiuta a identificare e correggere pregiudizi che altrimenti potrebbero passare inosservati, promuovendo un ambiente di sviluppo più equo e inclusivo.

3. Effettuare test approfonditi sugli algoritmi per identificare e correggere eventuali bias prima del rilascio, utilizzando metriche di equità che valutino le prestazioni su diversi gruppi demografici. Questo richiede l'implementazione di un quadro di valutazione dettagliato che consideri l'impatto delle decisioni algoritmiche su una gamma di variabili demografiche.

4. Rendere gli algoritmi il più trasparenti e spiegabili possibile, affinché sia chiaro come vengano prese le decisioni, aiutando così a identificare fonti di bias e discriminazione. Ciò implica la documentazione dettagliata dei processi decisionali e delle logiche sottostanti, oltre alla disponibilità di strumenti che consentano agli utenti di comprendere facilmente le motivazioni delle decisioni algoritmiche.

5. Monitorare continuamente le prestazioni degli algoritmi anche dopo il rilascio per assicurarsi che non sviluppino bias nel tempo, richiedendo aggiustamenti e ricalibrazioni periodiche. Questo processo prevede l'implementazione di sistemi di monitoraggio in tempo reale e l'analisi continua delle prestazioni algoritmiche, con la possibilità di intervenire prontamente per correggere eventuali deviazioni.

Pregiudizi umani trasferiti alle macchine

La trasmissione dei pregiudizi umani alle macchine avviene principalmente attraverso i dataset utilizzati per l'addestramento degli algoritmi di intelligenza artificiale. Questi dataset, spesso raccolti da fonti che riflettono pregiudizi esistenti nella società, possono avere un impatto significativo sulle capacità e sui comportamenti degli algoritmi. Ad esempio, un dataset progettato per il riconoscimento facciale che contiene una predominanza di immagini di individui appartenenti a una specifica etnia porterà l'algoritmo a sviluppare una maggiore accuratezza nel riconoscimento di volti di quella particolare etnia, riducendo l'efficacia nel riconoscere volti di altre etnie. Questo fenomeno è noto come **bias di campionamento**, che si verifica quando la selezione dei dati non rappresenta adeguatamente l'intera popolazione di riferimento, portando a generalizzazioni errate e prestazioni disomogenee.

Un ulteriore esempio di trasferimento di pregiudizi umani si manifesta nei **processi di addestramento affetti da vizi**. Durante questa fase, gli algoritmi apprendono dai dati forniti, modificando i loro parametri interni per minimizzare l'errore nelle previsioni. Se i dati di addestramento contengono pregiudizi, questi verranno assimilati dall'algoritmo come caratteristiche intrinseche del modello. Per esempio, un sistema di intelligenza artificiale per la selezione dei curriculum potrebbe essere addestrato su un dataset storico che mostra una preferenza per candidati di un certo sesso, età o background educativo. In assenza di adeguate verifiche e bilanciamenti, l'algoritmo rischia di perpetuare questi pregiudizi nelle sue selezioni, escludendo potenzialmente candidati qualificati che non corrispondono a tali criteri impliciti.

Adottare **strategie di debiasing** durante la raccolta dei dati e il processo di addestramento è cruciale. Una strategia consiste **nell'arricchire i dataset con dati provenienti da fonti diverse**, assicurando che tutte le categorie di interesse siano rappresentate in modo equo. Questo può includere l'inclusione di esempi selezionati per contrastare i pregiudizi esistenti o l'applicazione di **tecniche di "augmentazione" dei dati** per generare artificialmente esempi mancanti, aumentando così la diversità del dataset senza introdurre nuovi errori.

Si possono applicare tecniche di apprendimento automatico per identificare e correggere i bias nei dati. Una di queste tecniche è il **"reweighting"**, che prevede l'assegnazione di pesi diversi agli esempi nel dataset di addestramento al fine di bilanciare l'influenza di gruppi sotto-rappresentati o sovra-rappresentati. Un'altra tecnica implica la **modifica degli algoritmi di apprendimento** per includere termini di penalizzazione che scoraggiano la dipendenza da caratteristiche correlate ai pregiudizi, promuovendo un apprendimento più equo e bilanciato.

La **validazione incrociata** e i **test di equità** rivestono un ruolo essenziale nella valutazione dell'impatto dei pregiudizi nelle decisioni dell'algoritmo. Questi test possono rivelare disparità nelle prestazioni su diversi gruppi demografici, fornendo indicazioni dettagliate su dove e come intervenire per correggere i bias. La validazione incrociata consente di testare l'algoritmo su più sottoinsiemi del dataset, assicurando che le sue prestazioni siano consistenti e non influenzate da pregiudizi nascosti, aumentando così la robustezza e l'affidabilità del modello finale.

Conseguenze dei bias algoritmici nella vita reale

Le conseguenze dei bias algoritmici si manifestano in una gamma estremamente ampia di scenari, che spaziano **dall'ingiustizia sociale** alla **discriminazione sistematica**, con un impatto negativo sull'accesso alle opportunità e ai servizi per gruppi specifici. Un esempio rilevante si riscontra nel settore del **reclutamento lavorativo**, dove gli algoritmi di selezione dei candidati, progettati per migliorare l'efficienza e ridurre i tempi di assunzione, possono involontariamente favorire profili che rispecchiano caratteristiche demografiche omogenee. Questo fenomeno si verifica quando i sistemi di intelligenza artificiale, addestrati su dataset storici di assunzioni caratterizzati da una predominanza di un certo tipo di candidato, tendono a perpetuare la selezione di profili simili, escludendo così candidati altrettanto qualificati ma appartenenti a gruppi meno rappresentati. L'algoritmo, in questo contesto, potrebbe essere programmato per identificare caratteristiche di successo basandosi su dati passati; tuttavia, se questi dati sono già viziati da pregiudizi storici, l'algoritmo non fa altro che amplificarli.

Nel contesto del **riconoscimento facciale**, il bias algoritmico ha mostrato conseguenze notevoli per la sicurezza e la sorveglianza. Numerosi studi hanno dimostrato che alcuni sistemi di riconoscimento facciale, sviluppati e addestrati con dataset che non includono una rappresentazione equa e bilanciata di diverse etnie, presentano tassi di errore significativamente più elevati per le persone di colore rispetto a quelle bianche. Questa disparità nei tassi di errore è spesso dovuta a dataset di addestramento costruiti con una prevalenza di immagini di individui di etnia caucasica, portando a una scarsa capacità di generalizzazione del modello quando incontra volti di altre etnie. La conseguente **possibilità di false identificazioni**, in contesti critici come il controllo degli accessi o le indagini penali, **può avere ripercussioni gravi sulla libertà e sui diritti degli individui erroneamente identificati**, potenzialmente portando a arresti ingiustificati o a un aumento della sorveglianza su determinati gruppi.

Nel **settore finanziario**, i sistemi di valutazione del credito basati sull'intelligenza artificiale possono sviluppare bias che influenzano la capacità di individui di accedere a prestiti o ipoteche. Se i dati storici utilizzati per addestrare questi algoritmi mostrano una maggiore incidenza di inadempienze in specifiche aree geografiche, l'algoritmo potrebbe penalizzare ingiustamente individui di quelle aree, limitando il loro accesso al credito indipendentemente dalla loro affidabilità finanziaria personale. Questo accade perché l'algoritmo, analizzando i dati storici, può erroneamente correlare la localizzazione geografica con la propensione al rischio di credito, senza considerare variabili individuali come il reddito, la stabilità lavorativa o la storia finanziaria personale.

È cruciale adottare anche in questi campi, per mitigarne le conseguenze, **strategie di debiasing** che includono la diversificazione e l'arricchimento dei dataset di addestramento, utilizzando metriche di equità per valutare le prestazioni degli algoritmi su diversi gruppi demografici e introducendo meccanismi di revisione e correzione continua. La **diversificazione dei dataset** implica l'inclusione di un'ampia gamma di dati che rappresentano equamente tutte le variabili demografiche rilevanti, mentre le **metriche di equità** devono essere progettate per identificare e misurare i potenziali bias nei risultati degli algoritmi. La collaborazione tra esperti di intelligenza artificiale, sociologi, esperti di etica e legislatori è essenziale per sviluppare quadri normativi che regolamentino l'uso equo dell'IA, garantendo che le tecnologie emergenti promuovano l'inclusione e la giustizia sociale. Questo richiede un dialogo continuo tra le parti interessate per valutare l'impatto delle tecnologie e per adattare le normative in modo da rispondere efficacemente alle sfide emergenti.

La **trasparenza e la "spiegabilità" degli algoritmi** assumono un ruolo chiave, consentendo agli utenti e ai regolatori di comprendere come vengono prese le decisioni e su quali basi. Sistemi di IA esplicabili non solo permettono di identificare e correggere i bias, ma anche di **costruire una fiducia reciproca tra tecnologia e società**, assicurando che le decisioni automatizzate siano **giuste, etiche e prive di discriminazioni**. La "spiegabilità" implica la capacità di un sistema di fornire ragioni comprensibili per le decisioni prese, permettendo agli utenti di verificare la correttezza e l'equità del processo decisionale e fornendo ai regolatori gli strumenti necessari per monitorare e intervenire in caso di anomalie o discriminazioni sistemiche.

Trasparenza e "spiegabilità" nei sistemi di IA

Per garantire che i sistemi di intelligenza artificiale (IA) operino in modo equo e non discriminatorio, è fondamentale adottare principi di **trasparenza e "spiegabilità"**.

Questi principi consentono agli utenti e ai regolatori di comprendere come vengono prese le decisioni dai sistemi di IA, facilitando l'identificazione e la correzione di eventuali bias. Ecco alcune strategie e strumenti che possono contribuire a rendere le decisioni automatiche più comprensibili:

1. Documentazione completa: ogni sistema di IA dovrebbe avere una documentazione dettagliata che descriva il funzionamento dell'algoritmo, i dati su cui è stato addestrato e le metriche utilizzate per valutarne le prestazioni. Questa documentazione deve includere una **spiegazione approfondita delle architetture di rete neurale utilizzate**, delle funzioni di attivazione selezionate e delle tecniche di ottimizzazione implementate. Inoltre, è essenziale fornire una **descrizione esaustiva delle fonti dei dati, delle modalità di raccolta, dei processi di pulizia e normalizzazione dei dati**, nonché delle **metodologie di suddivisione tra set di addestramento, validazione e test**. Le metriche di valutazione devono essere presentate con precisione, specificando le soglie di performance accettabili e i contesti di applicazione per i quali sono state ottimizzate.

2. Interfacce utente esplicative: è importante sviluppare interfacce utente che illustrino in modo intuitivo come le decisioni vengono prese dall'algoritmo, mostrando quali fattori hanno avuto maggiore peso nella decisione finale e permettendo all'utente di esplorare come variazioni nei dati di input possano influenzare l'output. Queste interfacce devono includere **visualizzazioni dinamiche** come grafici interattivi che rappresentano l'importanza delle variabili, diagrammi di flusso che tracciano il percorso decisionale del modello e strumenti di simulazione che consentono agli utenti di modificare i parametri di input e osservare in tempo reale le modifiche nei risultati. Inoltre, devono essere progettate per permettere **un'analisi granulare**, consentendo all'utente di esaminare il comportamento del modello a diversi livelli di astrazione.

3. Tecniche di spiegabilità: tecniche come **LIME** (Local Interpretable Model-agnostic Explanations) o **SHAP** (SHapley Additive exPlanations) possono chiarire il contributo di ciascuna caratteristica nell'output dell'algoritmo, decomponendo le decisioni di sistemi complessi in contributi comprensibili. LIME, ad esempio, genera modelli interpretabili localmente che approssimano il comportamento del modello complesso in prossimità di una previsione specifica, permettendo di identificare quali caratteristiche influenzano maggiormente quella previsione. SHAP, invece, si basa sulla teoria dei giochi per assegnare valori di importanza a ciascuna caratteristica, calcolando il contributo marginale di ogni feature al modello predittivo attraverso l'analisi di tutte le possibili combinazioni di input. Entrambe le tecniche richiedono un'implementazione accurata per garantire che le spiegazioni siano fedeli e significative rispetto al comportamento reale del modello.

4. Audit esterni e valutazioni di impatto: i sistemi di IA devono essere sottoposti regolarmente a audit esterni e valutazioni di impatto sull'equità, **condotti da terze parti indipendenti**, per valutare la trasparenza, la spiegabilità, l'equità e l'assenza di bias. Gli audit devono includere l'analisi dettagliata dei set di dati utilizzati, verificando la presenza di eventuali squilibri demografici o pregiudizi sistematici. Le valutazioni di impatto devono esaminare gli effetti delle decisioni algoritmiche su diversi gruppi di utenti, utilizzando metriche quantitative come il tasso di errore differenziale e l'equità di opportunità, oltre a valutazioni qualitative basate su casi di studio e feedback degli utenti. È essenziale che i risultati di tali audit siano documentati in modo trasparente e resi disponibili per la revisione pubblica.

5. Formazione e sensibilizzazione: organizzare sessioni di formazione per gli sviluppatori di IA aumenta la consapevolezza sui temi della trasparenza, spiegabilità e equità, includendo l'istruzione su come identificare e mitigare i bias durante la progettazione e lo sviluppo degli algoritmi. Queste sessioni devono coprire argomenti come la **selezione e la pre-elaborazione dei dati**, la **scelta di modelli appropriati** per il contesto applicativo, **l'interpretazione delle metriche di performance** e **l'implementazione di tecniche di spiegabilità**. È inoltre cruciale fornire esempi pratici di casi in cui i bias sono stati identificati e corretti, nonché strumenti e risorse per la valutazione continua dei modelli in fase di produzione.

6. Standard e linee guida: è essenziale promuovere lo sviluppo e l'adozione di standard e linee guida internazionali per la trasparenza e la spiegabilità nell'IA, fornendo un quadro di riferimento comune per la progettazione di sistemi di IA etici e responsabili. Questi standard devono includere requisiti specifici per la documentazione tecnica, criteri per la valutazione della spiegabilità e dell'equità, e linee guida per la conduzione di audit e valutazioni di impatto. Inoltre, devono promuovere la collaborazione tra sviluppatori, regolatori e utenti finali per definire pratiche migliori e condividere esperienze e conoscenze nel campo della trasparenza algoritmica.

7. Feedback degli utenti: meccanismi che permettono agli utenti di fornire feedback sulle decisioni prese dai sistemi di IA sono fondamentali per migliorare la spiegabilità e correggere eventuali errori o bias. Tali meccanismi devono essere progettati per raccogliere feedback dettagliati e strutturati, consentendo agli utenti di segnalare specifiche decisioni problematiche e fornire contesto aggiuntivo sui dati di input. È importante che il sistema di IA utilizzi questo feedback per aggiornare i modelli e migliorare continuamente la loro accuratezza e equità, implementando processi di apprendimento attivo che integrano i dati di feedback nel ciclo di addestramento.

8. Simulazioni e scenari: simulazioni e scenari dimostrano come l'algoritmo prenda decisioni in diverse condizioni, aiutando a identificare potenziali problemi di equità o comprensione prima dell'implementazione su larga scala. Queste simulazioni devono includere una gamma di scenari realistici che riflettano le condizioni operative previste e le variazioni nei dati di input, utilizzando tecniche di modellazione stocastica per esplorare l'impatto dell'incertezza e della variabilità. È cruciale eseguire analisi di sensibilità per determinare come piccole modifiche nei parametri di input influenzano l'output del modello, consentendo di identificare potenziali punti di vulnerabilità e migliorare la robustezza del sistema prima del suo dispiegamento.

CAPITOLO 5: IA, SORVEGLIANZA E PRIVACY

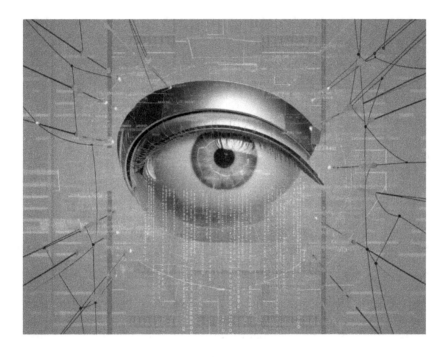

Nell'ambito della sorveglianza e della privacy, l'intelligenza artificiale (IA) solleva complessi dilemmi etici e tecnici, che richiedono un'analisi approfondita e interventi mirati.

La capacità avanzata dell'IA di raccogliere, elaborare e interpretare grandi volumi di dati personali genera preoccupazioni significative per la salvaguardia della privacy individuale. Tecnologie altamente invasive, come il riconoscimento facciale e la profilazione comportamentale, se non regolamentate con precisione e rigore, possono condurre a forme di sorveglianza onnipresenti e alla compromissione dell'anonimato.

È essenziale implementare misure di protezione della privacy che siano non solo efficaci, ma anche allineate con i diritti fondamentali degli individui.

1. Regolamentazione e normative: è imperativo che quadri normativi dettagliati e robusti disciplinino l'impiego delle tecnologie di IA in contesti di sorveglianza, assicurando che l'uso di tali tecnologie per la raccolta e l'analisi di dati personali sia condotto in modo trasparente. Ciò implica **che gli individui siano pienamente informati e che il loro consenso sia ottenuto in modo chiaro e documentato, per scopi legittimi e giustificati**. Le leggi sulla protezione dei dati, come il citato Regolamento Generale sulla Protezione dei Dati (GDPR) dell'Unione Europea, illustrano come un approccio normativo possa bilanciare l'innovazione tecnologica con la tutela della privacy, stabilendo requisiti stringenti per la trasparenza, la responsabilità e la protezione dei dati personali.

2. Minimizzazione dei dati: la protezione efficace della privacy richiede un approccio rigoroso alla riduzione della quantità di dati personali raccolti e conservati. Tecniche avanzate di **anonimizzazione** e **pseudonimizzazione** sono fondamentali per mitigare i rischi associati alla gestione dei dati, garantendo che le informazioni non possano essere facilmente ricondotte a un individuo specifico senza l'ausilio di dati aggiuntivi conservati separatamente. Questo processo richiede l'implementazione di algoritmi complessi e metodologie matematiche per trasformare i dati in modo che la loro origine individuale sia oscurata, pur mantenendo la loro utilità per analisi aggregate.

3. Trasparenza e consenso: gli utenti devono essere informati in modo dettagliato e comprensibile su quali dati vengono raccolti, come vengono utilizzati e per quali scopi specifici. Il consenso deve essere ottenuto in modo esplicito, attraverso meccanismi che permettano agli individui di comprendere pienamente le implicazioni della condivisione dei propri dati e che consentano loro di **revocare tale consenso** in qualsiasi momento, offrendo così un controllo effettivo e continuo sui propri dati personali. Questo richiede lo sviluppo di interfacce utente intuitive e processi di consenso chiari e accessibili.

4. Sicurezza dei dati: è fondamentale adottare misure di sicurezza avanzate per proteggere i dati personali da accessi non autorizzati, violazioni e furti. Ciò include l'implementazione di **tecniche di crittografia avanzate**, che proteggono i dati sia in transito sia a riposo, e l'adozione di **sistemi di autenticazione a più fattori**, che aggiungono un ulteriore livello di sicurezza. Inoltre, l'integrazione di tecniche di sicurezza informatica all'avanguardia, come l'analisi comportamentale e il monitoraggio continuo delle minacce, è essenziale per rilevare e rispondere tempestivamente a eventuali anomalie o tentativi di intrusione.

5. Valutazioni d'impatto sulla privacy: le organizzazioni devono condurre valutazioni d'impatto sulla privacy prima di implementare sistemi di IA che trattano dati personali. Queste valutazioni sono progettate per identificare e mitigare i rischi per gli individui, analizzando dettagliatamente come i dati vengono raccolti, elaborati e conservati. Tali valutazioni aiutano a progettare sistemi che incorporano il **principio della "privacy by design"**, assicurando che la protezione dei dati personali sia integrata nella tecnologia fin dalle fasi iniziali di sviluppo. Questo richiede un'analisi metodica dei processi e delle infrastrutture coinvolte, nonché la collaborazione tra ingegneri, esperti legali e specialisti della privacy.

6. Diritto all'oblio: gli individui devono avere il diritto di richiedere la cancellazione dei propri dati personali quando non sono più necessari per gli scopi per cui sono stati raccolti o quando ritirano il loro consenso. Questo diritto, sancito dal GDPR, è cruciale per consentire agli individui di mantenere il controllo sulle proprie informazioni personali. L'implementazione di questo diritto richiede la creazione di processi efficienti per la gestione delle richieste di cancellazione, nonché l'adozione di tecniche di gestione dei dati che garantiscano la completa eliminazione delle informazioni dai sistemi di archiviazione.

7. Educazione e sensibilizzazione: promuovere una maggiore consapevolezza e comprensione delle questioni relative alla privacy e alla sorveglianza tra il pubblico e gli sviluppatori di IA è di fondamentale importanza. Programmi di formazione specifici, workshop tecnici e campagne informative mirate possono contribuire a costruire una cultura della privacy che valorizzi e protegga i diritti degli individui nell'era digitale. Questo richiede lo sviluppo di materiali educativi dettagliati, sessioni di formazione interattive e iniziative di sensibilizzazione che coinvolgano attivamente tutte le parti interessate, compresi i professionisti del settore tecnologico, i legislatori e il pubblico generale.

IA e profilazione: rischi per l'anonimato

La **profilazione algoritmica** rappresenta un elemento di grande impatto e dibattito nell'implementazione dell'intelligenza artificiale all'interno delle strutture sociali contemporanee. **Questa pratica si fonda sull'analisi di ampi insiemi di dati personali per l'identificazione, la previsione o l'influenza di comportamenti, preferenze e decisioni individuali**. Essa consente di creare servizi altamente personalizzati e di ottimizzare le esperienze utente, ma solleva al contempo questioni di notevole importanza riguardanti la tutela della privacy e l'autodeterminazione degli individui.

Tecniche di profilazione algoritmica:
1. Data mining e analisi predittiva: l'intelligenza artificiale impiega algoritmi avanzati per esaminare set di dati complessi e multidimensionali, identificando pattern e tendenze nascoste. Questo processo implica l'uso di tecniche sofisticate, quali **l'analisi delle serie temporali, l'identificazione di correlazioni non evidenti e la costruzione di modelli predittivi** che estraggono

informazioni dettagliate riguardo ai comportamenti degli utenti, che spaziano dalle abitudini di acquisto nei contesti di e-commerce alle preferenze di navigazione su piattaforme digitali.

2. Machine learning e modelli di apprendimento profondo: i sistemi di intelligenza artificiale, attraverso l'utilizzo di algoritmi di apprendimento automatico e reti neurali profonde, **affinano continuamente la loro capacità di profilazione.** Questo processo di apprendimento iterativo e adattivo consente ai modelli di migliorare la loro precisione nel prevedere le preferenze individuali e anticipare le azioni degli utenti, analizzando costantemente flussi di dati nuovi e complessi e adattando i loro parametri per massimizzare l'accuratezza delle previsioni.

3. Riconoscimento di pattern: l'intelligenza artificiale è in grado di individuare schemi ricorrenti all'interno dei dati, come i percorsi di navigazione su un sito web o le sequenze di acquisto su piattaforme di vendita online, che vengono utilizzati per costruire profili utente altamente dettagliati. Questi pattern non solo personalizzano l'esperienza utente, ma consentono anche di segmentare il pubblico in gruppi target specifici, ottimizzando così le campagne di marketing mirate attraverso un'analisi demografica e comportamentale approfondita.

RISCHI PER L'ANONIMATO INDIVIDUALE

1. Perdita di privacy: la raccolta e l'analisi su larga scala di dati personali erodono in misura significativa la privacy individuale. **Gli utenti spesso non sono consapevoli dell'estensione dei dati raccolti su di loro**, né delle modalità con cui tali dati vengono utilizzati, il che implica un potenziale sfruttamento dei dati stessi per scopi al di là della semplice fornitura del servizio.

2. Sorveglianza invisibile: la profilazione algoritmica può evolversi in una **forma di sorveglianza pervasiva**, nella quale ogni azione, sia online che offline, viene monitorata e analizzata, spesso in assenza di un consenso esplicito e informato da parte dell'individuo, sollevando preoccupazioni etiche e legali.

3. Decisioni automatizzate: i profili utente generati dall'intelligenza artificiale influenzano in modo significativo l'accesso a servizi e opportunità, come la concessione di prestiti, la stipula di polizze assicurative e le offerte di lavoro. Questo solleva interrogativi sulla giustizia e l'equità delle decisioni prese sulla base di algoritmi, che potrebbero perpetuare bias esistenti o introdurne di nuovi.

RACCOMANDAZIONI PER LA PROTEZIONE DELL'ANONIMATO

1. Limitazione della raccolta dei dati: le organizzazioni dovrebbero adottare politiche di raccolta dati che si concentrino esclusivamente sui dati strettamente necessari per l'erogazione del servizio richiesto, evitando di accumulare informazioni personali superflue che potrebbero essere utilizzate per fini non dichiarati o non essenziali.

2. Trasparenza e consenso: è cruciale garantire un livello elevato di trasparenza nella raccolta e nell'uso dei dati, fornendo agli utenti informazioni chiare e dettagliate sui dati raccolti e ottenendo il loro consenso informato attraverso **meccanismi di "opt-in"** che rispettino le normative sulla protezione dei dati.

3. Anonimizzazione dei dati: i dati personali devono essere sottoposti a processi di anonimizzazione robusti prima di qualsiasi analisi, per rimuovere o minimizzare i riferimenti diretti agli individui, proteggendo così la loro identità attraverso tecniche come la **crittografia**, la **randomizzazione** e **l'aggregazione**.

4. Diritto di revisione e cancellazione: gli utenti devono avere il diritto di accedere ai dati raccolti su di loro, con la possibilità di richiederne la correzione in caso di errori e di ottenere la cancellazione dei loro dati quando questi non sono più necessari o se decidono di ritirare il loro consenso, in conformità con i regolamenti sulla protezione dei dati personali.

Profilazione algoritmica e perdita dell'anonimato

La **profilazione algoritmica** rappresenta un processo complesso e articolato in cui l'intelligenza artificiale (IA) viene impiegata per analizzare e interpretare vasti insiemi di dati eterogenei. Questi dati, che possono includere informazioni strutturate e non strutturate, vengono processati al fine di **estrarre pattern e tendenze utili a identificare o prevedere comportamenti, preferenze e decisioni a livello individuale**. Tale analisi consente di ottenere un livello di personalizzazione dei servizi senza precedenti, ottimizzando le esperienze utente in modo mirato e specifico. Tuttavia, questo approccio solleva interrogativi significativi riguardo alla **perdita dell'anonimato** e alla **privacy** degli individui, poiché l'aggregazione e l'analisi dei dati possono rivelare dettagli personali sensibili. Un esempio concreto di come la profilazione algoritmica possa compromettere l'anonimato degli utenti si osserva nelle **piattaforme di e-commerce**. Queste piattaforme implementano sistemi avanzati di tracciamento che raccolgono dati granulari sulle abitudini di acquisto degli utenti. **Tali dati includono non solo le ricerche effettuate, ma anche i prodotti visualizzati, i tempi di permanenza su specifiche pagine, le interazioni con le recensioni dei prodotti e gli acquisti effettivamente completati.** Gli algoritmi sofisticati utilizzano tecniche di machine learning per analizzare questi dati, costruendo profili utente estremamente dettagliati. Questi profili vengono poi impiegati per targetizzare pubblicità e formulare raccomandazioni di prodotto altamente personalizzate. **Sebbene tali pratiche possano sembrare vantaggiose per l'utente, comportano una significativa perdita di anonimato,** poiché le preferenze e le abitudini di un individuo diventano trasparenti non solo alla piattaforma stessa, ma anche a terze parti che possono ottenere accesso a questi dati attraverso vari accordi commerciali o falle di sicurezza.

Nel contesto dei **social media**, la profilazione algoritmica introduce ulteriori complessità e preoccupazioni relative all'anonimato. Gli algoritmi analizzano in modo approfondito i dati relativi alle **interazioni degli utenti con i contenuti, come il numero di like, le condivisioni, i commenti e il tempo trascorso su specifici post.** Inoltre, viene valutata la **frequenza di interazione con determinati argomenti e la**

struttura della rete di contatti dell'utente. Queste informazioni permettono di dedurre non solo le preferenze superficiali, ma anche opinioni politiche, convinzioni religiose e altre informazioni personali sensibili. La conseguenza di tale profilazione è una perdita di anonimato che può avere **ripercussioni significative sulla libertà di espressione e sulla sicurezza personale**, soprattutto in contesti in cui la libertà di parola è limitata o soggetta a controllo. Per affrontare questi rischi, anche le organizzazioni, ripetiamo, devono adottare le **raccomandazioni** tecniche e operative specifiche:

1. Limitare la raccolta dei dati: le organizzazioni dovrebbero implementare politiche di raccolta dati che si concentrino esclusivamente sulle informazioni strettamente necessarie per l'erogazione del servizio. È fondamentale evitare la raccolta indiscriminata di informazioni personali, stabilendo criteri chiari e giustificati per ogni tipo di dato raccolto.

2. Aumentare la trasparenza: è imperativo che gli utenti siano informati in modo chiaro e dettagliato su quali dati vengono raccolti, le modalità di utilizzo e le entità con cui vengono condivisi. Il processo di ottenimento del consenso deve essere esplicito e informato, garantendo che gli utenti comprendano appieno le implicazioni della condivisione dei loro dati.

3. Applicare tecniche di anonimizzazione: prima di procedere all'analisi dei dati, è cruciale anonimizzarli per rimuovere o minimizzare i riferimenti diretti agli individui. Tecniche avanzate come la **crittografia** e la **pseudonimizzazione** possono essere implementate per proteggere l'identità degli utenti, assicurando che i dati analizzati non possano essere facilmente ricondotti a persone specifiche.

4. Garantire il diritto di accesso e cancellazione: gli utenti devono avere la possibilità di accedere ai dati raccolti su di loro in qualsiasi momento e devono poter richiedere la cancellazione di tali dati quando desiderano ritirare il loro consenso o quando i dati non sono più necessari per gli scopi per cui sono stati originariamente raccolti. Le organizzazioni devono implementare processi trasparenti e accessibili per facilitare l'esercizio di questi diritti da parte degli utenti.

Tecnologie di riconoscimento facciale: funzioni e rischi

Le tecnologie di riconoscimento facciale rappresentano una delle applicazioni più sofisticate e complesse dell'intelligenza artificiale attuale. Questi sistemi sono progettati per identificare o verificare l'identità di un individuo attraverso un'analisi dettagliata delle caratteristiche facciali, basandosi su algoritmi di apprendimento profondo che richiedono l'elaborazione di enormi volumi di dati visivi. Gli algoritmi sono addestrati su dataset di immagini che includono volti in diverse angolazioni, condizioni di illuminazione e contesti ambientali, per consentire al sistema di apprendere e riconoscere i tratti unici e distintivi di ciascun volto. La prima fase cruciale del processo è la rilevazione del volto, in cui il sistema utilizza tecniche di computer vision per individuare la presenza di un volto umano in un'immagine fissa o in un flusso video continuo. Questo avviene attraverso l'applicazione di modelli di rilevamento che segmentano l'immagine per isolare le aree contenenti caratteristiche facciali.

Dopo aver rilevato il volto, il sistema procede alla fase di estrazione delle caratteristiche, un processo che implica l'analisi meticolosa di tratti distintivi come la distanza interpupillare, la curvatura del naso, la simmetria del mento e la struttura delle labbra. Queste informazioni vengono quindi convertite in una rappresentazione numerica dettagliata, nota come vettore di caratteristiche, che cattura l'essenza unica del volto analizzato, permettendo al sistema di confrontare e distinguere tra migliaia di volti con elevata precisione.

Durante la fase di confronto, il vettore di caratteristiche ottenuto viene messo a confronto con un vasto database di vettori preesistenti, al fine di determinare l'identità dell'individuo o di verificare la corrispondenza con un'identità specifica precedentemente registrata. La precisione di questi sistemi è strettamente legata alla qualità, alla diversità e all'ampiezza dei dati di addestramento, nonché alla capacità dell'algoritmo di generalizzare correttamente quando analizza volti nuovi o in condizioni non ottimali.

Le applicazioni del riconoscimento facciale si estendono in vari settori, dalla sicurezza alla personalizzazione dei servizi. Nel contesto della sicurezza, queste tecnologie vengono impiegate per identificare individui sospetti in ambienti pubblici ad alta densità o per monitorare e controllare l'accesso a zone riservate, utilizzando sistemi di autenticazione biometrica avanzati. Nel settore del commercio e del marketing, il riconoscimento facciale è utilizzato per creare esperienze di acquisto personalizzate, consentendo ai sistemi di identificare i clienti al loro ingresso in un punto vendita e di adattare l'offerta di prodotti e servizi in base alle loro preferenze e comportamenti precedenti. Tuttavia, l'adozione sempre più diffusa di queste tecnologie solleva importanti questioni etiche e preoccupazioni relative ai diritti e alle libertà personali. Uno dei rischi più significativi associati al riconoscimento facciale è la sorveglianza di massa, che può derivare dall'implementazione di questi sistemi in spazi pubblici, portando a un monitoraggio continuo degli individui e compromettendo il diritto fondamentale alla privacy e alla libertà di movimento. Inoltre, la possibilità di errori di identificazione rappresenta una preoccupazione critica, poiché i sistemi possono mostrare bias nei confronti di specifici gruppi demografici, aumentando il rischio di falsi positivi o falsi negativi. Questo problema è particolarmente rilevante per le persone di colore o per le donne, a causa della mancanza di rappresentatività nei dataset di addestramento, i quali possono non includere sufficientemente la varietà di tratti facciali di questi gruppi.

Per mitigare questi rischi, è essenziale implementare una serie di raccomandazioni rigorose e dettagliate: innanzitutto, è necessario stabilire regolamentazioni stringenti che limitino l'applicazione del riconoscimento facciale a scopi ben definiti, garantendo che ogni uso sia giustificato, proporzionato e accompagnato da un elevato grado di trasparenza. In secondo luogo, è fondamentale assicurare che l'uso delle tecnologie di riconoscimento facciale sia sempre preceduto da una comunicazione chiara e comprensibile agli utenti, ottenendo il loro consenso informato ed esplicito quando richiesto. Inoltre, i sistemi devono essere sottoposti a audit indipendenti e a valutazioni di impatto sulla privacy regolari, per analizzare l'accuratezza e identificare eventuali bias, correggendoli prontamente. Infine, la sicurezza dei dati biometrici raccolti deve essere una priorità assoluta, adottando misure avanzate per prevenire accessi non autorizzati o fughe di dati che potrebbero compromettere la privacy e la sicurezza degli individui.

CAPITOLO 6: IMPATTO DELL'IA SU SOCIAL MEDIA E INFORMAZIONE

L'intelligenza artificiale ha radicalmente modificato le modalità di creazione, distribuzione e fruizione dei contenuti sui social media, con conseguenze significative riguardo alla formazione e alla diffusione dell'informazione e all'influenza sull'opinione pubblica. Gli algoritmi avanzati, sviluppati attraverso tecniche di machine learning e reti neurali profonde, determinano con precisione quali notizie, storie e post vengono visualizzati dagli utenti, basandosi su una complessa analisi dei dati comportamentali raccolti in tempo reale. Questi algoritmi considerano non solo le interazioni passate, come i like, i commenti e le condivisioni, ma anche il tempo trascorso su specifici contenuti, la velocità di scorrimento e persino le pause durante la visualizzazione. L'obiettivo primario di tali sistemi è **ottimizzare l'engagement**, un parametro misurato attraverso metriche come il tempo di visualizzazione e il tasso di interazione, spesso favorendo contenuti che generano forti reazioni emotive o che confermano convinzioni preesistenti degli utenti. Questa dinamica contribuisce alla formazione di **camere d'eco**, ambienti informativi chiusi in cui le persone sono esposte principalmente a opinioni simili alle proprie, intensificando la polarizzazione delle opinioni.

Gli algoritmi di personalizzazione, che si avvalgono di tecniche di clustering e analisi predittiva, filtrano e selezionano le informazioni destinate a ciascun utente, basandosi su una dettagliata ricostruzione del loro profilo comportamentale online. Questa ricostruzione avviene attraverso l'analisi di dati, quali le pagine web visitate, i post con cui hanno interagito, le ricerche effettuate e le connessioni sociali. Sebbene tale personalizzazione possa migliorare l'esperienza utente rendendo i contenuti più rilevanti e interessanti, essa comporta anche il rischio di limitare l'esposizione a prospettive diverse, confinando gli utenti in bolle informative che tendono a rafforzare pregiudizi esistenti e opinioni consolidate.

La **manipolazione delle informazioni** rappresenta un'altra preoccupazione critica associata all'impiego dell'IA nei social media. Attori malevoli, come disseminatori di disinformazione e operatori di campagne di propaganda, possono sfruttare la comprensione dei meccanismi algoritmici per diffondere contenuti falsi o fuorvianti. Questi soggetti utilizzano **tecniche avanzate di targeting e segmentazione per raggiungere specifici gruppi demografici o psicografici**, amplificando il potenziale impatto della disinformazione attraverso l'uso di bot e account falsi che simulano interazioni autentiche. Gli algoritmi, ottimizzati per massimizzare la portata e l'engagement, possono così amplificare esponenzialmente la diffusione di tali contenuti, influenzando l'opinione pubblica e destabilizzando il dibattito politico.

La **polarizzazione**, accentuata dall'impiego dell'IA nei social media, è il risultato di algoritmi che privilegiano contenuti in grado di generare alti livelli di engagement, spesso attraverso messaggi divisivi o estremizzati. Questi algoritmi, progettati per identificare e promuovere contenuti che suscitano forti reazioni emotive, tendono a favorire la diffusione di narrazioni polarizzanti. Ciò comporta che gruppi di utenti vengano esposti a **informazioni sempre più estremizzate**, rafforzando ulteriormente le loro convinzioni preesistenti e riducendo al contempo la possibilità di dialogo e comprensione tra individui con visioni del mondo divergenti.

Per contrastare questi fenomeni, è fondamentale implementare misure e strategie che coinvolgano attivamente sia i progettisti di algoritmi sia gli utenti dei social media, considerando la complessità e le specificità di ciascun gruppo. Per quanto riguarda i progettisti di algoritmi, è cruciale che essi si impegnino a sviluppare e mantenere una maggiore trasparenza nei meccanismi di funzionamento degli algoritmi stessi. Questo implica non solo la **pubblicazione di documentazione tecnica** dettagliata che spieghi le logiche sottostanti la selezione e la promozione dei contenuti, ma anche la **creazione di interfacce utente** che consentano agli utenti finali di comprendere e interagire con tali logiche. La trasparenza algoritmica consente agli utenti di esaminare criticamente le dinamiche di filtraggio e personalizzazione, facilitando la comprensione di come le loro interazioni influenzino il contenuto che viene loro presentato.

Inoltre, offrire agli utenti **strumenti avanzati per personalizzare e controllare i criteri di raccomandazione** è essenziale per mitigare l'effetto delle camere d'eco. Tali strumenti dovrebbero includere **opzioni configurabili** che permettano di modificare i parametri di raccomandazione, come la priorità data a determinate fonti o categorie di contenuto, e la **possibilità di visualizzare la diversità delle opinioni**. Questo approccio non solo incentiva l'esposizione a una gamma più ampia di prospettive, ma promuove anche un ambiente informativo più equilibrato.

Un approccio complementare consiste **nell'implementare sistemi di verifica dei fatti e di etichettatura dei contenuti**, che supportano gli utenti nel distinguere tra informazioni verificate e potenziali fake news. Le piattaforme dovrebbero integrare tecnologie avanzate di analisi dei contenuti che, in collaborazione con organizzazioni indipendenti di fact-checking, possano identificare e segnalare contenuti ingannevoli. Questo processo potrebbe includere l'uso di algoritmi di apprendimento automatico per il riconoscimento di schemi di disinformazione e la classificazione automatica dei contenuti sulla base della loro affidabilità. Ridurre la diffusione di informazioni false richiede un sistema robusto di tracciamento e segnalazione che operi in tempo reale.

L'educazione digitale gioca un ruolo cruciale nel fornire agli utenti le competenze necessarie per navigare in modo critico nell'ecosistema informativo online. Questa educazione dovrebbe includere programmi dettagliati su come riconoscere e contrastare le dinamiche di manipolazione e polarizzazione, con moduli specifici dedicati all'analisi critica delle fonti, alla valutazione della credibilità delle informazioni e all'uso sicuro delle piattaforme digitali.

Dal punto di vista tecnico, sviluppare algoritmi di raccomandazione più equilibrati e meno orientati all'engagement richiede un approccio metodico nella creazione di metriche alternative per valutare la qualità e la rilevanza dei contenuti. Queste metriche dovrebbero considerare la **diversità delle fonti**, **l'ampiezza delle prospettive offerte** e la **capacità di promuovere un dialogo costruttivo tra gli utenti**. Inoltre, l'integrazione di tecniche avanzate di intelligenza artificiale per identificare e mitigare i bias nei dataset di addestramento è essenziale per prevenire la discriminazione e l'amplificazione di stereotipi. Questo processo potrebbe includere l'analisi statistica dei dati di addestramento per individuare bias preesistenti e l'implementazione di algoritmi di compensazione che riequilibrino i dati stessi.

È fondamentale promuovere un **dialogo aperto e costruttivo tra le piattaforme di social media, gli utenti, i policymaker e la società civile** per definire insieme norme e regolamenti che garantiscano un equilibrio tra la libertà di espressione, il diritto alla privacy e la necessità di proteggere l'integrità del dibattito pubblico. Questo dialogo dovrebbe essere supportato da incontri regolari e collaborazioni intersettoriali che facilitino lo scambio di conoscenze e esperienze, permettendo lo sviluppo di strategie tecniche e normative che affrontino in modo efficace le sfide poste dall'impiego dell'IA nei social media. Le tecnologie devono essere sviluppate e utilizzate in modo responsabile, con un focus continuo sull'impatto sociale e sull'etica dell'innovazione digitale.

Manipolazione delle opinioni tramite l'IA

La **manipolazione delle opinioni** e la diffusione di **fake news** attraverso l'intelligenza artificiale (IA) rappresentano sfide complesse e intricate nell'era digitale contemporanea. Questi fenomeni sfruttano algoritmi sofisticati che operano mediante un'analisi dettagliata e un utilizzo strategico delle dinamiche dei social media per esercitare un'influenza mirata sull'opinione pubblica. Gli algoritmi di IA sono progettati per **identificare schemi nei dati comportamentali degli utenti**, come le preferenze personali, le abitudini di navigazione online e le interconnessioni all'interno delle loro reti sociali, al fine di targetizzare con precisione i contenuti. Questa sezione esamina in dettaglio il funzionamento di questi meccanismi e propone raccomandazioni specifiche per mitigare i loro effetti potenzialmente dannosi.

1. Identificazione dei target: gli algoritmi di IA sono programmati per esaminare e processare enormi volumi di dati, noti come **big data**, per identificare gli utenti più vulnerabili a determinati messaggi. Questo processo implica la costruzione di profili utente estremamente dettagliati, basati su un'analisi approfondita delle interazioni passate, come i "like", i commenti, le condivisioni e le tipologie di contenuti con cui gli utenti interagiscono frequentemente. **L'analisi comportamentale viene arricchita con dati demografici e psicografici**, creando un modello predittivo che consente di individuare con precisione i soggetti più ricettivi a specifici messaggi manipolativi.

2. Creazione di contenuti personalizzati: gli algoritmi sono capaci di generare o selezionare contenuti che si allineano perfettamente con le convinzioni preesistenti o i pregiudizi degli individui, basandosi sulle informazioni raccolte nei profili utente. Questi contenuti possono comprendere una **vasta gamma di materiali, dalle notizie false alle teorie del complotto, fino ai messaggi polarizzanti**, tutti progettati con l'obiettivo di massimizzare l'engagement. L'algoritmo analizza il linguaggio, le immagini e i temi che hanno avuto maggiore successo in passato, adattando i nuovi contenuti per risuonare emotivamente con il target specifico.

3. Diffusione mirata: la diffusione dei contenuti attraverso i social media avviene tramite tecniche avanzate di **microtargeting**. Queste tecniche permettono di raggiungere segmenti di utenti ben definiti con messaggi altamente personalizzati, ottimizzati per aumentare la probabilità di visualizzazione e condivisione. Gli algoritmi utilizzano dati granulari per segmentare il pubblico in base a interessi, comportamenti e posizione, consentendo una distribuzione dei contenuti che massimizza l'impatto e l'efficacia della manipolazione.

4. Amplificazione attraverso bot e account falsi: L'IA coordina in modo sofisticato **reti di bot e account falsi** che simulano interazioni umane per creare l'illusione di un ampio consenso o di un forte dissenso. Questo processo manipola la percezione pubblica, facendo sembrare che un'opinione sia più diffusa o controversa di quanto non sia realmente. Gli algoritmi sono in grado di orchestrare queste reti per generare un volume elevato di interazioni in tempi brevi, influenzando così le metriche di visibilità e credibilità dei contenuti.

RACCOMANDAZIONI PER CONTRASTARE LA MANIPOLAZIONE E LE FAKE NEWS

1. **Educazione digitale**: è essenziale promuovere programmi di alfabetizzazione mediatica che insegnino agli utenti a riconoscere e valutare criticamente le informazioni online. Questi programmi dovrebbero includere l'insegnamento di tecniche per verificare le fonti, identificare segnali di contenuti ingannevoli e comprendere le dinamiche degli algoritmi che influenzano la visibilità dei contenuti.

2. **Trasparenza algoritmica**: le piattaforme di social media dovrebbero essere obbligate a rendere pubblici i criteri dettagliati utilizzati dagli algoritmi per la selezione e la promozione dei contenuti. Questa trasparenza permetterebbe agli utenti e ai ricercatori di analizzare e comprendere meglio come l'IA influisce sulla diffusione delle informazioni, facilitando lo sviluppo di strategie per contrastare la manipolazione.

3. **Regolamentazione e oversight**: è cruciale implementare normative specifiche che obblighino le piattaforme di social media a monitorare attivamente e rimuovere le fake news e i contenuti manipolativi. La creazione di **enti di oversight indipendenti**

potrebbe fornire una valutazione imparziale dell'impatto sociale delle tecnologie di IA, garantendo che le piattaforme operino in modo etico e responsabile.

4. Collaborazione con fact-checker: stabilire partnership tra piattaforme di social media e organizzazioni indipendenti di fact-checking è fondamentale per verificare la veridicità dei contenuti virali. L'integrazione di IA per identificare automaticamente le notizie sospette può accelerare notevolmente il processo di verifica, migliorando l'efficacia delle operazioni di fact-checking.

5. Sviluppo di IA etica: è importante incoraggiare la ricerca e lo sviluppo di algoritmi di IA che prioritizzino l'accuratezza delle informazioni e la diversità delle prospettive. Gli sviluppatori dovrebbero addestrare i sistemi di IA a riconoscere e ridurre i bias nei contenuti raccomandati, garantendo che le informazioni presentate agli utenti siano equilibrate e basate su fatti verificabili.

Deepfake e realtà artificiale: tecniche e pericoli

Il fenomeno dei **deepfake** e della **realtà artificiale** rappresenta un'altra delle sfide più complesse e preoccupanti derivanti dall'avanzamento delle tecnologie di intelligenza artificiale. Queste tecniche sfruttano algoritmi di apprendimento profondo, in particolare reti neurali evolute, **per generare o modificare contenuti audiovisivi con un livello di realismo così elevato che risulta estremamente**

arduo distinguerli dalla realtà effettiva. La creazione di deepfake si basa su due componenti fondamentali dell'apprendimento profondo: le **reti neurali convoluzionali,** utilizzate per estrarre le caratteristiche salienti delle immagini, e le **reti generative avversarie (GAN),** che consentono di manipolare immagini e suoni in modo altamente sofisticato e realistico.

Le **reti generative avversarie, o GAN,** sono costituite da due reti neurali che operano in competizione tra loro: **il generatore e il discriminatore.** Il **generatore** ha il compito di creare immagini che imitano il più possibile quelle reali, mentre il **discriminatore** si occupa di valutare l'autenticità delle immagini prodotte, confrontandole con dati reali per discernere se siano genuine o fittizie. Durante il processo di addestramento, il generatore riceve un feedback continuo dal discriminatore, che lo spinge a produrre contenuti sempre più convincenti. Parallelamente, il discriminatore si affina nel distinguere tra ciò che è autentico e ciò che è artificiale. Questo ciclo iterativo prosegue fino a quando il generatore riesce a produrre risultati così realistici che il discriminatore non è più in grado di distinguere l'artificiale dal reale, raggiungendo un equilibrio noto come **equilibrio di Nash** nel contesto delle GAN.

La generazione dei deepfake richiede l'utilizzo di vasti dataset di immagini e video per addestrare le reti neurali coinvolte, necessitando di risorse computazionali significative, spesso basate su GPU ad alte prestazioni, per elaborare enormi quantità di dati in parallelo. Una volta completato il processo di addestramento, è possibile generare video deepfake inserendo il volto di una persona in un contesto completamente diverso, alterando espressioni facciali con precisione millimetrica o facendo pronunciare a qualcuno parole mai dette con sincronizzazione labiale accurata. Questa capacità di manipolazione ha **implicazioni profonde e potenzialmente dannose**, che spaziano dalla creazione di materiale pornografico non consensuale alla produzione di false dichiarazioni politiche, con effetti destabilizzanti sulla società, minando la fiducia pubblica e la stabilità delle istituzioni.

I pericoli associati ai deepfake riguardano principalmente la **disinformazione e l'erosione della fiducia nelle fonti di informazione**, poiché la diffusione di video deepfake credibili può alterare significativamente l'opinione pubblica, influenzare eventi politici, compromettere la reputazione di individui e istituzioni e minacciare la sicurezza nazionale. La difficoltà nel distinguere i deepfake dalla realtà pone sfide considerevoli per il diritto alla privacy e per la veridicità dell'informazione, richiedendo approcci sofisticati per la loro identificazione e gestione. Contrastare i rischi associati ai deepfake esige un approccio multidisciplinare che comprenda lo **sviluppo di tecnologie di rilevamento avanzate, l'implementazione di normative legali rigorose e la promozione di una maggiore consapevolezza pubblica**. Le tecniche di rilevamento si basano sull'analisi dettagliata delle incongruenze presenti nei video, come anomalie nel movimento degli occhi, che possono divergere da quelli naturali, espressioni facciali che appaiono innaturali o meccaniche, oppure inconsistenze nell'audio che non corrispondono al parlato fluido umano. Tuttavia, con il progresso continuo delle tecnologie di creazione dei deepfake, **anche gli strumenti di rilevamento devono evolversi costantemente per mantenere la loro efficacia**, richiedendo aggiornamenti frequenti e l'adozione di algoritmi di apprendimento automatico capaci di adattarsi rapidamente ai nuovi tipi di manipolazione.

Dal **punto di vista legislativo**, è essenziale definire con chiarezza la legalità della creazione e distribuzione di contenuti deepfake, stabilendo sanzioni severe per chi li utilizza a fini malevoli, come la diffusione di notizie false o la compromissione della privacy altrui. Parallelamente, **sensibilizzare il pubblico** sui rischi dei deepfake diventa cruciale, educando gli utenti a esercitare un **pensiero critico e analitico quando si confrontano con contenuti potenzialmente manipolati**, fornendo strumenti educativi e risorse che aiutino a riconoscere e comprendere le tecniche utilizzate nella creazione di deepfake.

Microtargeting e polarizzazione sociale dell'IA

Il **microtargeting** e la **polarizzazione sociale** indotti dall'intelligenza artificiale (IA) stanno assumendo una rilevanza crescente nel panorama dei social media, esercitando un'influenza notevole sul dibattito pubblico e sulla coesione sociale. L'IA impiega algoritmi sofisticati che operano attraverso tecniche avanzate di machine learning e data mining **per segmentare gli utenti in gruppi specifici**. Questa segmentazione si basa su un'analisi dettagliata e multidimensionale di una vasta gamma di dati, che includono informazioni comportamentali, come cronologia di navigazione e interazioni sui social, dati demografici quali età, genere e posizione geografica, e dati psicografici che comprendono valori, opinioni, interessi e stili di vita. La capacità di personalizzazione estrema che ne deriva può incrementare notevolmente l'efficacia delle campagne pubblicitarie e politiche, creando messaggi altamente mirati e pertinenti per ciascun segmento di pubblico. Tuttavia, **questa stessa capacità rischia di accentuare la formazione di "bolle informative"**, ovvero ambienti digitali chiusi in cui gli utenti sono esposti principalmente a contenuti che rispecchiano e rafforzano le loro convinzioni preesistenti, limitando l'esposizione a prospettive alternative e contribuendo alla polarizzazione delle opinioni.

1. Segmentazione degli utenti e creazione di "bolle informative": gli algoritmi di IA eseguono un'analisi approfondita dei dati raccolti per identificare schemi comportamentali e preferenze individuali, utilizzando tecniche come il clustering e l'analisi predittiva. Questi algoritmi raggruppano gli individui in cluster omogenei in base a interessi simili, ottimizzando così l'engagement attraverso la personalizzazione dei contenuti. Tuttavia, questo processo tende a esporre gli utenti a un flusso continuo di informazioni che confermano e rafforzano le loro convinzioni preesistenti, riducendo al minimo l'esposizione a punti di vista diversi. Questo fenomeno, noto come **"filter bubble"**, limita la diversità delle informazioni a cui gli utenti hanno accesso, creando un ambiente informativo chiuso che può influenzare negativamente la capacità di pensiero critico e la comprensione delle questioni complesse.

2. Amplificazione della polarizzazione: la personalizzazione dei contenuti basata sull'IA può portare a una polarizzazione più marcata delle opinioni. Gli utenti sono costantemente esposti a informazioni e opinioni che rinforzano le loro convinzioni esistenti, creando un effetto eco che amplifica le divisioni ideologiche. Questo fenomeno è particolarmente evidente nei contesti politici, dove il microtargeting consente la diffusione di messaggi altamente polarizzanti e su misura per specifici segmenti di elettorato. **Le campagne politiche possono utilizzare queste tecniche per indirizzare messaggi che sfruttano le paure, le emozioni e i pregiudizi degli individui**, accentuando le divisioni tra gruppi con opinioni opposte e contribuendo alla frammentazione del discorso pubblico.

3. Manipolazione e disinformazione: la capacità di targetizzare contenuti specifici a gruppi ben definiti apre la porta a campagne di disinformazione mirate e sofisticate. Gli attori malevoli, che possono includere governi stranieri, organizzazioni criminali o gruppi di interesse, possono sfruttare l'IA per **diffondere fake news, teorie del complotto e contenuti manipolativi a individui che sono**

psicologicamente predisposti a credere a tali informazioni.
Questa strategia di disinformazione mirata mina la fiducia nelle istituzioni e nei media tradizionali, erodendo il tessuto sociale e la capacità della società di distinguere tra fatti e finzioni.

RACCOMANDAZIONI PER MITIGARE GLI EFFETTI NEGATIVI

1. Promuovere la trasparenza degli algoritmi: le piattaforme di social media dovrebbero implementare misure per rendere più chiari i meccanismi con cui i contenuti vengono raccomandati agli utenti. Questo potrebbe includere la pubblicazione di documentazione tecnica dettagliata sui modelli algoritmici utilizzati, nonché la fornitura di strumenti che consentano agli utenti di comprendere meglio e controllare le logiche di selezione dei contenuti che vedono nei loro feed.

2. Incoraggiare l'esposizione a prospettive diverse: è essenziale sviluppare algoritmi che non solo personalizzino i contenuti in base alle preferenze degli utenti, ma che favoriscano anche l'esposizione a una varietà di punti di vista. Ciò potrebbe essere realizzato attraverso tecniche di diversificazione dei contenuti che introducano deliberatamente prospettive contrastanti nel feed degli utenti, contrastando la formazione di bolle informative e promuovendo un dibattito pubblico più equilibrato e informato.

3. Regolamentazione del microtargeting: introdurre normative specifiche che limitino l'uso del microtargeting per scopi politici potrebbe ridurre il rischio di polarizzazione e manipolazione dell'opinione pubblica. Queste normative potrebbero includere restrizioni sulla raccolta e l'uso di dati personali per il targeting politico, nonché requisiti di trasparenza che obblighino le campagne politiche a divulgare le strategie di targeting utilizzate.

4. Educazione ai media: creare programmi di educazione ai media che insegnino agli individui a riconoscere e valutare criticamente le informazioni ricevute online è fondamentale. Questi programmi dovrebbero fornire competenze per identificare fake news e contenuti polarizzanti, migliorando la capacità delle persone di navigare in un ambiente mediatico complesso e spesso fuorviante.

5. Collaborazione con "fact-checker": le piattaforme di social media dovrebbero collaborare attivamente con organizzazioni di "fact-checking" indipendenti per identificare e limitare la diffusione di informazioni false. Questa collaborazione potrebbe includere l'integrazione di strumenti di verifica dei fatti nei flussi di contenuti delle piattaforme, nonché la promozione di contenuti verificati per contribuire a mantenere un dibattito pubblico informato e basato su dati reali.

CAPITOLO 7: IMPATTO DELL'AUTOMAZIONE SUL LAVORO

L'automazione, definita come l'implementazione e l'utilizzo di sistemi tecnologici avanzati o software progettati per eseguire operazioni con un intervento umano minimo o assente, sta trasformando radicalmente il panorama lavorativo in molteplici settori industriali e di servizi.

Questo processo di trasformazione ha avuto origine con la rivoluzione industriale, quando l'introduzione di macchinari meccanici ha iniziato a sostituire il lavoro manuale, e **ha visto un'accelerazione senza precedenti con l'avvento dell'intelligenza artificiale e della robotica avanzata**, tecnologie che consentono ai sistemi di apprendere, adattarsi e svolgere compiti complessi che erano tradizionalmente riservati agli esseri umani. Sebbene l'automazione prometta di aumentare l'efficienza operativa, migliorare la precisione dei processi produttivi e ridurre i costi complessivi di produzione attraverso la diminuzione degli errori umani e l'ottimizzazione delle risorse, solleva preoccupazioni significative riguardo al futuro dell'occupazione e alla qualità del lavoro umano, in quanto la sostituzione del lavoro umano con macchine può portare a una riduzione della domanda di manodopera.

Settori a rischio: alcuni settori sono particolarmente esposti al rischio di automazione a causa della natura delle attività svolte e della facilità con cui possono essere automatizzate. Nel **settore manifatturiero**, ad esempio, l'adozione di macchinari sempre più sofisticati, come **robot industriali e sistemi di controllo numerico computerizzato (CNC)**, ha sostituito il lavoro manuale in molte fasi del processo produttivo, dalla lavorazione dei materiali all'assemblaggio finale. Nel settore dei servizi, l'incremento dell'uso di **"chatbot"** basati su algoritmi di elaborazione del linguaggio naturale e **sistemi di "self-checkout"** automatizzati sta riducendo la necessità di personale umano per le interazioni con i clienti, portando a una diminuzione della domanda di lavoro in ruoli tradizionali di front-office e assistenza clienti.

Professioni vulnerabili: le attività che richiedono compiti ripetitivi e prevedibili sono particolarmente suscettibili all'automazione. Ad esempio, **l'assemblaggio in linea**, che consiste nel montaggio di componenti in una sequenza prestabilita, può essere facilmente automatizzato con l'uso di bracci robotici programmati per eseguire movimenti precisi e ripetitivi. Anche la **contabilità di base**, che coinvolge operazioni come la registrazione di transazioni finanziarie e la generazione di report contabili standardizzati, è vulnerabile all'automazione attraverso l'uso di software di gestione finanziaria avanzati. Al contrario, **le professioni che richiedono creatività, empatia e capacità decisionali complesse, come quelle nel campo dell'arte, della psicologia o della gestione strategica, sono considerate meno vulnerabili all'automazione**, poiché queste competenze risultano difficili da replicare con algoritmi o macchine.

Opportunità create dall'automazione: l'automazione d'altro canto offre anche nuove opportunità di lavoro e crescita economica. La necessità di sviluppare, mantenere e supervisionare i sistemi automatizzati sta creando **nuovi posti di lavoro nel campo dell'ingegneria, della programmazione e dell'analisi dei dati**. Ingegneri specializzati sono richiesti per progettare e implementare sistemi automatizzati, mentre programmatori esperti sono necessari per sviluppare software avanzati che controllano questi sistemi. Analisti di dati sono essenziali per interpretare le grandi quantità di dati generati dai sistemi automatizzati e trarre informazioni utili per migliorare i processi aziendali. Inoltre, l'automazione può liberare i lavoratori da compiti monotoni e fisicamente impegnativi, permettendo loro di concentrarsi su attività più gratificanti e creative che richiedono capacità di "problem-solving" e innovazione.

Formazione e riqualificazione: la transizione verso un'economia sempre più automatizzata richiede un'attenzione particolare alla formazione e alla riqualificazione dei lavoratori per garantire che la forza lavoro sia adeguatamente preparata per le nuove sfide del mercato del lavoro. Individui e organizzazioni devono adattarsi rapidamente, acquisendo **nuove competenze** che rispondano alla domanda di un mercato del lavoro in evoluzione. Programmi di formazione mirati, che includono corsi di aggiornamento sulle competenze digitali, programmazione informatica, analisi dei dati e gestione dei sistemi automatizzati, sono essenziali per preparare la forza lavoro alle sfide future. Inoltre, le politiche aziendali e governative devono supportare l'accesso a queste opportunità di formazione per garantire una transizione equa e inclusiva.

Impatto sulla qualità del lavoro: l'automazione ha comunque il potenziale di migliorare significativamente la qualità del lavoro, riducendo la fatica fisica associata a compiti manuali e aumentando la sicurezza sul posto di lavoro attraverso l'eliminazione di operazioni pericolose che possono essere svolte da macchine. **Tuttavia, esiste anche il rischio di una maggiore precarizzazione del lavoro, con un aumento dei contratti a termine e della "gig economy"**, dove la sicurezza del lavoro e i benefici sociali sono spesso limitati. Questo scenario richiede una revisione delle normative sul lavoro per garantire che i diritti dei lavoratori siano protetti in un contesto economico in evoluzione.

Disuguaglianze: un'altra preoccupazione riguarda l'aggravarsi delle disuguaglianze economiche e sociali causate dall'automazione. I lavoratori altamente qualificati, in possesso di **competenze tecniche avanzate** e capacità di adattamento, possono beneficiare delle opportunità create dall'automazione, accedendo a posizioni lavorative più remunerative e stabili. Al contrario, coloro che possiedono **competenze meno richieste o facilmente automatizzabili** potrebbero trovarsi a fronteggiare maggiori difficoltà economiche, a causa della riduzione della domanda per le loro competenze. Questo divario richiede politiche attente e mirate per garantire che i benefici dell'automazione siano distribuiti equamente nella società, attraverso misure come **l'implementazione di programmi di riqualificazione professionale e il supporto a settori economici emergenti.**

Affrontare efficacemente le sfide poste dall'automazione richiede lo sviluppo di strategie di politica economica e sociale che promuovano un ambiente lavorativo inclusivo e sostenibile. Le istituzioni educative, comprese università, istituti tecnici e centri di formazione professionale, insieme alle aziende di vari settori industriali, devono instaurare una **collaborazione sinergica e continua** per identificare in modo preciso e dettagliato le competenze maggiormente richieste nel futuro del lavoro. Questo processo di identificazione deve basarsi su **analisi predittive dei trend occupazionali, studi di settore e consultazioni con esperti di mercato del**

lavoro. Una volta individuate le competenze, è necessario progettare percorsi formativi specifici e mirati che rispondano a queste esigenze, includendo moduli di apprendimento pratico, esperienze di tirocinio e aggiornamenti curricolari basati su tecnologie emergenti e metodologie didattiche avanzate. La formazione continua e l'apprendimento lungo tutto l'arco della vita diventano elementi chiave per garantire che i lavoratori possano mantenere la propria competitività nel mercato del lavoro. Ciò implica l'implementazione di programmi di aggiornamento professionale accessibili, flessibili e adattabili alle esigenze individuali, con un focus su competenze digitali avanzate, capacità di "problem-solving" affinata e adattabilità ai cambiamenti tecnologici. L'adozione di tecnologie di automazione deve essere supportata da politiche che facilitino la transizione per i lavoratori colpiti, come **sussidi di disoccupazione calibrati in base alle specifiche necessità economiche e familiari**, **assistenza personalizzata nella ricerca di lavoro** attraverso piattaforme digitali e consulenti specializzati, e **incentivi fiscali e finanziari per la riqualificazione professionale** che incoraggino la partecipazione a **programmi di "reskilling" e "upskilling"**.

L'automazione stimola l'innovazione e può contribuire significativamente allo sviluppo economico. Le aziende che adottano tecnologie automatizzate, come robotica avanzata, intelligenza artificiale e sistemi di automazione dei processi, possono beneficiare di un aumento della produttività attraverso l'efficienza operativa e l'ottimizzazione delle risorse. Inoltre, la riduzione dei costi operativi, ottenuta tramite la diminuzione degli errori umani e l'aumento della velocità di produzione, può tradursi in prezzi più competitivi per i consumatori. Questo vantaggio competitivo consente alle aziende di reinvestire i profitti in ricerca e sviluppo, promuovendo ulteriori innovazioni di prodotto e processo.

Per massimizzare questi benefici, è essenziale che le imprese adottino un approccio responsabile all'automazione, considerando gli impatti sociali delle loro decisioni, come la potenziale perdita di posti di lavoro e la necessità di riqualificazione dei dipendenti. Le aziende devono collaborare con i lavoratori e le parti sociali, inclusi sindacati e associazioni di categoria, per gestire le transizioni occupazionali in modo equo, attraverso la negoziazione di accordi che prevedano misure di supporto e riassorbimento occupazionale.

Le **politiche pubbliche** giocano un ruolo cruciale nel modellare il futuro del lavoro in un'era di automazione. Gli **interventi governativi** possono includere la promozione di investimenti in tecnologie emergenti e in infrastrutture digitali, come **reti di comunicazione ad alta velocità e piattaforme di dati aperti**, il **sostegno all'innovazione nelle piccole e medie imprese** attraverso incentivi fiscali e finanziamenti agevolati, e la **realizzazione di sistemi di welfare** che rispondano alle nuove esigenze dei lavoratori, come l'introduzione di schemi di reddito minimo garantito e l'accesso universale a servizi di formazione continua. È importante che le politiche pubbliche affrontino le questioni di equità e inclusione, ad esempio attraverso la **ridistribuzione dei benefici economici** generati dall'automazione, tramite **sistemi di tassazione progressiva** e investimenti in servizi pubblici essenziali, e **l'implementazione di misure di protezione sociale** per i lavoratori più vulnerabili, come **assicurazioni contro la disoccupazione** e **programmi di sostegno al reddito**.

La **collaborazione internazionale** è fondamentale per affrontare le sfide poste dall'automazione in un'economia globale interconnessa. Gli stati possono lavorare insieme per condividere buone pratiche, coordinare gli interventi politici e sviluppare standard comuni per la gestione etica dell'automazione e dell'intelligenza artificiale. Questo approccio cooperativo può prevenire una "corsa al ribasso" in termini di standard lavorativi e ambientali, attraverso la definizione di regolamenti comuni e l'adozione di accordi multilaterali che promuovano condizioni di lavoro dignitose e sostenibilità ambientale. Inoltre, garantire che i progressi tecnologici siano utilizzati per promuovere uno sviluppo sostenibile e inclusivo a livello globale richiede la creazione di piattaforme di dialogo internazionale e la promozione di partenariati pubblico-privato che facilitino il trasferimento di conoscenze e tecnologie tra paesi.

Sostituzione lavorativa da IA: settori a rischio

Nell'analisi dettagliata del processo di sostituzione dei lavoratori umani con sistemi di intelligenza artificiale, è fondamentale esaminare con precisione i settori e le professioni che presentano il più alto rischio di automazione. **Questo processo di sostituzione non è uniforme, ma varia notevolmente in base alle caratteristiche intrinseche del lavoro e al contesto specifico dell'industria coinvolta.** Settori come la manifattura, il trasporto, la logistica e il retail mostrano una tendenza più marcata verso l'automazione. Ciò è dovuto principalmente alla natura ripetitiva, standardizzabile e prevedibile delle attività che li caratterizzano. Per esempio, nella manifattura, come già detto, le linee di assemblaggio sono spesso composte da compiti che possono essere facilmente suddivisi in sequenze di operazioni semplici e ripetitive, le quali possono essere eseguite da robot industriali con elevata precisione e senza interruzioni. Nel **settore del trasporto**, i veicoli a guida autonoma sono in grado di ridurre la necessità di conducenti umani, mentre nella **logistica**, i sistemi automatizzati di smistamento e gestione degli inventari ottimizzano le operazioni di magazzino. Nel **retail**, l'introduzione di chioschi di self-checkout ha ridotto la necessità di personale addetto alle casse, permettendo una gestione più efficiente dei flussi di cassa.

Al contrario, come già evidenziato, settori che richiedono un elevato grado di creatività, interazione umana e capacità decisionali complesse, come l'arte, la sanità e l'istruzione, sono meno suscettibili all'automazione. Nella **sanità**, ad esempio, la diagnosi medica e il trattamento richiedono una comprensione profonda delle condizioni individuali dei pazienti, empatia e capacità di prendere decisioni in situazioni di incertezza, competenze che attualmente le macchine non possono replicare. Nell'**istruzione**, l'interazione tra insegnanti e studenti è fondamentale per un apprendimento efficace, e la capacità di adattare l'insegnamento alle esigenze specifiche di ciascun alunno è una competenza umana difficile da automatizzare.

Le professioni più vulnerabili all'automazione sono quelle che coinvolgono compiti ripetitivi e manuali, come gli operai di linea, gli impiegati addetti alla registrazione dati e i cassieri. Questi ruoli sono particolarmente esposti perché le loro attività possono essere facilmente tradotte in algoritmi che le macchine possono eseguire con efficienza e precisione. Per esempio, i cassieri possono essere sostituiti da sistemi di self-checkout che utilizzano tecnologie di scansione avanzate e pagamenti digitali per elaborare le transazioni in modo autonomo. Allo stesso modo, i robot industriali, dotati di bracci meccanici con sensori di precisione, sono in grado di eseguire compiti di assemblaggio con un margine di errore minimo e a una velocità superiore rispetto agli esseri umani.

Per mitigare i rischi associati all'automazione, è essenziale implementare strategie di adattamento e riqualificazione che siano specifiche e mirate. Queste strategie includono:

1. Identificare e mappare le competenze trasversali possedute dai lavoratori, che possono essere trasferite e applicate in diversi contesti lavorativi. Questo processo richiede un'analisi dettagliata delle abilità individuali e delle loro applicazioni potenziali in settori meno esposti al rischio di automazione, come quelli che richiedono capacità di "problem solving" avanzate o competenze relazionali.

2. Sviluppare programmi di formazione specializzati e mirati che forniscano ai lavoratori le competenze necessarie per operare in settori ad alta domanda. Questi programmi dovrebbero concentrarsi su competenze digitali avanzate, come la programmazione di software, l'analisi dei dati attraverso strumenti di business intelligence e la gestione di sistemi automatizzati complessi. Inoltre, l'aggiornamento continuo delle competenze deve essere integrato nei programmi per rispondere alle rapide evoluzioni tecnologiche.

3. Creare incentivi economici e opportunità di formazione finanziata per stimolare la partecipazione dei lavoratori a programmi di riqualificazione. Tali incentivi possono includere borse di studio per coprire i costi di iscrizione ai corsi, sgravi fiscali per le aziende che investono nella formazione dei dipendenti, e supporto finanziario diretto per i lavoratori durante il periodo di formazione, garantendo così una transizione più agevole.

4. Promuovere la collaborazione tra università, istituti tecnici e aziende per sviluppare percorsi formativi che siano allineati con le esigenze del mercato del lavoro. Questa cooperazione deve assicurare che l'offerta formativa sia strettamente correlata alla domanda di competenze specifiche, attraverso la creazione di curricula che includano stage pratici e progetti reali in collaborazione con le imprese.

5. Fornire servizi di supporto alla transizione lavorativa, che includano consulenza professionale personalizzata, assistenza nella ricerca di lavoro e programmi di tirocinio. Questi servizi devono essere progettati per facilitare l'ingresso dei lavoratori in nuovi settori, offrendo strumenti di orientamento e networking per esplorare opportunità di carriera alternative.

6. Adattare le politiche di welfare per offrire protezione adeguata ai lavoratori in transizione, includendo sussidi di disoccupazione che siano proporzionati al costo della vita, assicurazioni sanitarie che coprano anche periodi di inattività lavorativa e pensioni che non siano strettamente legate al posto di lavoro, ma piuttosto al contributo complessivo del lavoratore nel corso della carriera.

Professioni a rischio automazione: dati e previsioni

Nell'analisi delle professioni più a rischio di automazione, è essenziale esaminare in dettaglio come i progressi tecnologici e l'adozione di sistemi avanzati di intelligenza artificiale stiano modificando profondamente la struttura e la dinamica del mercato del lavoro. Le professioni caratterizzate da un elevato grado di ripetitività e prevedibilità nelle loro attività operative risultano particolarmente suscettibili all'automazione. Tra queste, si possono annoverare ruoli come quelli dei cassieri, degli impiegati amministrativi, degli operatori di call center e dei lavoratori nel settore della produzione. Queste categorie professionali eseguono compiti che possono essere facilmente codificati in algoritmi, consentendo alle macchine di svolgerli con maggiore efficienza operativa e a un costo significativamente inferiore rispetto all'impiego di risorse umane.

Nel **settore bancario**, l'automazione delle procedure di verifica dei documenti e delle operazioni di cassa ha già condotto a una significativa riduzione del personale dedicato a queste funzioni specifiche. I sistemi di intelligenza artificiale sono in grado di analizzare documenti complessi, verificare la conformità alle normative vigenti e processare transazioni con una velocità e un'accuratezza che superano di gran lunga le capacità umane, migliorando così l'efficienza operativa complessiva e riducendo drasticamente il margine di errore umano.

Il **settore manifatturiero** ha subito una radicale trasformazione del processo produttivo grazie all'integrazione di robot industriali e sistemi di automazione avanzati. I robot, equipaggiati con sensori di ultima generazione e capacità di apprendimento automatico, sono in grado di svolgere compiti di assemblaggio, saldatura e verniciatura con precisione millimetrica. Questo ha condotto a una diminuzione della domanda di lavoratori specializzati in queste attività manuali, spostando l'attenzione verso professioni che richiedono competenze avanzate di supervisione, manutenzione e programmazione dei sistemi automatizzati.

Anche il **settore dei trasporti** sta attraversando una significativa trasformazione con l'avvento e lo sviluppo dei veicoli autonomi. La guida autonoma, che si basa su complessi algoritmi di intelligenza artificiale e sofisticati sistemi di sensori, promette di rivoluzionare il modo in cui le merci e le persone vengono trasportate, riducendo sensibilmente la necessità di conducenti professionisti.

Per affrontare le sfide poste dall'automazione, i lavoratori devono acquisire un insieme di nuove competenze per operare efficacemente in un ambiente lavorativo in continua e rapida evoluzione. La formazione continua e la riqualificazione professionale rappresentano strumenti imprescindibili per garantire che la forza lavoro possa adattarsi alle nuove esigenze del mercato. I programmi di formazione mirati dovrebbero focalizzarsi sullo sviluppo di competenze digitali avanzate, programmazione, analisi dei dati e gestione dei sistemi automatizzati. Un approccio multidisciplinare che integri conoscenze tecniche con competenze trasversali, come il problem solving, il pensiero critico e la capacità di lavorare in team, è di fondamentale importanza.

Le istituzioni educative e le aziende devono collaborare strettamente per identificare le competenze più richieste e sviluppare percorsi formativi che preparino i lavoratori alle professioni del futuro.

Tutto questo richiede un impegno congiunto per allineare l'offerta formativa con le esigenze specifiche del mercato del lavoro e garantire ai lavoratori l'accesso a opportunità di formazione continua e aggiornamento.

IA: opportunità, rischi e strategie nel lavoro

Nell'attuale contesto caratterizzato dalla crescente integrazione dell'automazione e dell'intelligenza artificiale è cruciale adottare strategie di adattamento e formazione che tengano conto in modo approfondito dei rischi e delle opportunità presentate dall'integrazione dell'IA.

1. Identificazione delle competenze future: la prima strategia richiede un'analisi dettagliata delle competenze che saranno maggiormente richieste nel prossimo futuro. Tra queste, spiccano competenze tecniche avanzate come la **programmazione**, che include la comprensione di linguaggi di alto livello come Python e Java, la scienza dei dati, che richiede abilità nell'analisi statistica e nella gestione di grandi set di dati, e l'ingegneria dell'IA, che comprende la progettazione e l'implementazione di algoritmi di machine learning. Accanto a queste, le **competenze trasversali** assumono un'importanza crescente: il **pensiero critico**, che implica la capacità di valutare e analizzare informazioni in modo obiettivo; la **creatività**, che consiste nell'ideare soluzioni innovative a problemi complessi; e **l'intelligenza emotiva**, essenziale per gestire efficacemente le dinamiche interpersonali. La **capacità di lavorare in sinergia con le macchine**, sfruttando le loro capacità computazionali per potenziare le competenze umane uniche, diventerà un elemento di valore inestimabile.

2. Programmi di formazione e riqualificazione: le istituzioni educative e le aziende devono instaurare collaborazioni mirate per sviluppare programmi di formazione e riqualificazione che rispondano in modo preciso alle esigenze del mercato del lavoro in evoluzione. Questi programmi devono includere **percorsi di apprendimento formale, come corsi di laurea e master specializzati in settori emergenti** e **opportunità di apprendimento informale, come workshop intensivi, seminari tematici e corsi online interattivi**, che facilitino un aggiornamento continuo delle competenze. L'integrazione di moduli pratici, esperienze di laboratorio e progetti reali è fondamentale per garantire che i partecipanti acquisiscano competenze applicabili e rilevanti.

3. Apprendimento lungo tutto l'arco della vita: l'educazione deve essere concepita come un **processo ininterrotto** e dinamico. Gli individui devono essere incoraggiati a intraprendere un percorso di apprendimento lungo tutto l'arco della vita, sfruttando risorse accessibili per **l'autoformazione**, come **piattaforme di e-learning**, **biblioteche digitali** e **forum di discussione**, e partecipando attivamente a programmi di aggiornamento professionale attraverso corsi di perfezionamento e certificazioni specialistiche. La capacità di adattarsi rapidamente alle nuove conoscenze e tecnologie è essenziale per mantenere la rilevanza professionale.

4. Supporto governativo e aziendale: è imperativo che i governi e le aziende offrano un supporto strutturato sotto forma di incentivi fiscali, sussidi per la formazione e servizi di orientamento professionale per agevolare la transizione verso un'economia sempre più automatizzata. Questo sostegno aiuta a superare gli ostacoli finanziari e logistici che spesso limitano l'accesso alla riqualificazione. Gli incentivi devono essere progettati per premiare l'adozione di tecnologie avanzate e l'aggiornamento delle competenze, mentre i servizi di orientamento devono fornire consulenze personalizzate per guidare i lavoratori nei percorsi di carriera più promettenti.

5. Sviluppo di soft skills: Le soft skills, come la capacità di **adattamento**, la gestione del **cambiamento**, la **leadership** e la **collaborazione interdisciplinare**, assumeranno un ruolo sempre più cruciale. La capacità di adattamento implica la prontezza a modificare strategie e approcci in risposta a nuove sfide, mentre la gestione del cambiamento richiede competenze nel guidare e supportare i team durante le transizioni organizzative. La leadership è fondamentale per ispirare e motivare i collaboratori, mentre la collaborazione interdisciplinare facilita l'integrazione di diverse prospettive e competenze per affrontare problemi complessi. Queste competenze permettono agli individui di navigare con efficacia in ambienti lavorativi complessi e in rapida evoluzione, dove l'interazione umana rimane centrale nel processo produttivo.

6. Inclusione e diversità: le strategie di adattamento e formazione devono essere progettate per essere inclusive, garantendo **l'accesso equo alle opportunità di apprendimento a persone di tutte le età, background culturali e livelli di istruzione**. Promuovere la diversità nei team di lavoro arricchisce il processo creativo e contribuisce a mitigare i bias nell'IA, migliorando l'equità e l'efficacia delle soluzioni tecnologiche sviluppate. È essenziale implementare politiche e pratiche che favoriscano l'inclusione, come la creazione di ambienti di apprendimento accessibili e la promozione di programmi di mentoring per gruppi sotto-rappresentati.

7. Partenariati pubblico-privato: creare partenariati strategici tra il settore pubblico, il settore privato e le istituzioni educative è fondamentale per allineare gli sforzi di formazione con le esigenze specifiche del mercato del lavoro. Questi partenariati possono facilitare lo scambio di conoscenze, risorse e migliori pratiche, accelerando lo sviluppo di programmi di formazione efficaci e pertinenti. La condivisione di dati e analisi di mercato tra i partner può guidare la progettazione di curricoli formativi che rispondano in modo mirato alle tendenze emergenti e alle lacune di competenze identificate.

CAPITOLO 8: DILEMMI ETICI DELL'IA

L'autonomia delle macchine solleva questioni fondamentali sulla **responsabilità** delle azioni compiute da sistemi di intelligenza artificiale. Quando un'IA prende una decisione che può portare a conseguenze negative, diventa cruciale identificare chi debba essere ritenuto responsabile di tali esiti. La complessità di questa questione risiede nel fatto che **le macchine, pur essendo progettate per "apprendere" dai dati forniti attraverso algoritmi di apprendimento**

automatico, non possiedono coscienza o intenzionalità umana. Gli algoritmi di apprendimento automatico, come le reti neurali profonde, elaborano grandi quantità di dati per identificare schemi e formulare previsioni, ma operano senza una comprensione intrinseca delle implicazioni etiche delle loro azioni. Pertanto, attribuire la responsabilità morale a un algoritmo diventa problematico, poiché l'algoritmo stesso non ha la capacità di discernere il bene dal male o di prendere decisioni basate su valori morali.

È essenziale distinguere tra **responsabilità operativa** e **responsabilità morale**. Gli sviluppatori e i progettisti dell'IA possono essere ritenuti responsabili operativamente, poiché hanno l'obbligo di garantire che i sistemi operino secondo standard etici e legali. Questo implica che, durante la fase di sviluppo, devono implementare controlli rigorosi per minimizzare i rischi di errore e garantire che i modelli di IA siano addestrati su dataset rappresentativi e privi di bias ingiustificati. Tuttavia, gli algoritmi non possono essere considerati moralmente responsabili, poiché non comprendono le implicazioni etiche delle loro azioni. La responsabilità morale richiede la capacità di riflessione e il riconoscimento delle conseguenze delle proprie azioni, qualità che le macchine non possiedono.

Una soluzione proposta è sviluppare un **quadro normativo** con linee guida chiare per valutare l'IA in termini di equità, trasparenza e responsabilità. Questo quadro dovrebbe includere meccanismi di **audit indipendenti** per monitorare sistematicamente le decisioni delle macchine, assicurando il rispetto dei principi etici fondamentali. Gli audit dovrebbero essere condotti da enti terzi per garantire l'imparzialità e dovrebbero valutare l'intero ciclo di vita del sistema di IA, dall'addestramento iniziale alla fase operativa. È cruciale mantenere una **registrazione dettagliata** delle decisioni prese dall'IA per garantire la tracciabilità e la revisione delle azioni in caso di risultati dannosi o non etici. Questa registrazione deve includere non solo le decisioni finali, ma anche i dati di input, i parametri del modello e le condizioni operative che hanno portato a determinate decisioni.

Educare e sensibilizzare gli sviluppatori e il pubblico sulle potenziali implicazioni etiche dell'uso dell'IA rappresenta un aspetto cruciale. Gli sviluppatori devono essere formati per comprendere non solo gli aspetti tecnici, come la progettazione di algoritmi efficienti e l'ottimizzazione delle prestazioni, ma anche le conseguenze sociali e morali del loro lavoro. Devono essere in grado di anticipare e mitigare i rischi di bias, discriminazione e violazione della privacy che possono emergere dall'uso di sistemi di IA. Questo richiede una formazione continua su temi di etica applicata e una comprensione approfondita delle normative vigenti in materia di protezione dei dati e non discriminazione.

Promuovere un **dialogo aperto e inclusivo** tra scienziati, legislatori, aziende e società civile è fondamentale per condividere preoccupazioni, aspettative e consigli su come l'IA dovrebbe essere sviluppata e utilizzata. Questo dialogo deve essere strutturato attraverso tavole rotonde, conferenze e workshop che coinvolgano rappresentanti di tutte le parti interessate, in modo da garantire che le diverse prospettive siano considerate e integrate nei processi decisionali. Solo attraverso una collaborazione trasversale sarà possibile affrontare efficacemente i dilemmi etici posti dall'IA, garantendo che le tecnologie emergenti siano impiegate in modo responsabile e benefico per l'umanità.

Autonomia delle macchine: limiti e potenzialità

L'autonomia delle macchine rappresenta un concetto di notevole complessità e suscita dibattiti intensi nel contesto dell'intelligenza artificiale. Questa capacità consente ai sistemi di intelligenza artificiale di **operare e prendere decisioni in modo indipendente dall'intervento umano,** sollevando questioni cruciali che toccano diversi ambiti, tra cui la **tecnologia avanzata**, la **filosofia della mente**, **l'etica applicata** e il **diritto internazionale**. Per esplorare a fondo i confini e le possibilità offerte dall'IA autonoma, è indispensabile una disamina dettagliata dei suoi molteplici aspetti, partendo dalla sua definizione tecnica fino ad arrivare alle implicazioni sociali e normative che derivano dalla sua adozione.

Definizione e caratteristiche dell'IA autonoma: l'intelligenza artificiale autonoma si identifica con quei sistemi progettati per eseguire compiti complessi senza dipendere da istruzioni specifiche o interventi esterni. Tali sistemi sono concepiti per apprendere dall'ambiente circostante attraverso un processo iterativo di acquisizione di dati e adattamento a contesti nuovi, senza la necessità di una programmazione predeterminata. Essi utilizzano algoritmi sofisticati di apprendimento profondo, combinati con reti neurali stratificate, per elaborare enormi volumi di dati, rilevare schemi complessi e prendere decisioni informate basate su calcoli probabilistici e sulle esperienze passate accumulate nel corso del tempo.

Potenzialità dell'IA autonoma: l'IA autonoma trova applicazione in una vasta gamma di settori. In ambito medico, ad esempio, questi sistemi possono contribuire alla diagnosi precoce di patologie complesse attraverso l'analisi di immagini mediche e dati clinici, migliorando l'accuratezza e la tempestività delle diagnosi. Nel settore della mobilità, lo sviluppo di veicoli autonomi promette di trasformare il trasporto, ottimizzando percorsi e riducendo gli incidenti dovuti a errori umani. In contesti di gestione urbana, come le smart cities, l'IA autonoma può ottimizzare la distribuzione delle risorse, migliorare l'efficienza energetica e gestire i flussi di traffico in tempo reale. Questi sistemi offrono un significativo incremento dell'efficienza operativa, una riduzione degli errori umani e la capacità di processare e analizzare dati in tempo reale, fornendo insight preziosi per decisioni informate.

Limiti dell'IA autonoma: nonostante le avanzate capacità, l'IA autonoma presenta limitazioni intrinseche. La mancanza di comprensione contestuale, ovvero la capacità di interpretare situazioni complesse al di fuori dei dati forniti, e la difficoltà nel gestire situazioni impreviste rappresentano sfide significative. Questi limiti possono portare a decisioni inadeguate o addirittura pericolose se i sistemi si trovano di fronte a scenari non contemplati nei dati di addestramento. Inoltre, la questione della trasparenza e della "spiegabilità" delle decisioni prese da tali sistemi rimane irrisolta, con implicazioni dirette sulla fiducia pubblica e sull'accettazione sociale di queste tecnologie avanzate.

Implicazioni etiche e normative: l'implementazione di sistemi di IA autonoma solleva complesse questioni etiche, in particolare per quanto riguarda la responsabilità delle decisioni prese in modo indipendente da questi sistemi. È cruciale definire un quadro normativo adeguato che assicuri che l'utilizzo dell'IA rispetti i principi fondamentali di equità, giustizia e diritti umani. La creazione di **standard internazionali condivisi** e la promozione della **collaborazione tra enti regolatori, industria e comunità scientifica** sono passi essenziali per affrontare le sfide poste dall'adozione di queste tecnologie.

RACCOMANDAZIONI PER UN USO RESPONSABILE DELL'IA AUTONOMA

1. Sviluppare sistemi di IA trasparenti e spiegabili: è essenziale che gli algoritmi siano progettati per essere comprensibili, consentendo agli utenti e ai regolatori di esaminare e verificare le decisioni e i processi decisionali. Questo richiede l'implementazione di tecniche di interpretabilità che rendano visibili le logiche sottostanti alle decisioni prese dai sistemi di IA.

2. Integrare meccanismi di controllo con la supervisione umana: anche nei sistemi più avanzati, l'inclusione di un livello di supervisione umana è cruciale per garantire un ulteriore strato di sicurezza e responsabilità. Ciò implica lo sviluppo di interfacce che consentano agli operatori umani di intervenire in modo efficace quando necessario.

3. Promuovere di formazione e sensibilizzazione: è fondamentale che gli sviluppatori di IA e il pubblico generale siano adeguatamente informati sui potenziali rischi e sulle opportunità offerte dall'IA autonoma. Questo richiede iniziative di educazione e sensibilizzazione che promuovano una cultura della responsabilità e dell'etica digitale, preparando le persone a un uso consapevole e critico di queste tecnologie.

4. Favorire la collaborazione internazionale per la regolamentazione dell'IA: definire linee guida e standard internazionali è essenziale per garantire un approccio coerente e responsabile allo sviluppo e all'impiego dell'IA autonoma. Questo richiede un impegno concertato tra nazioni per armonizzare le normative e promuovere una governance globale in grado di affrontare le sfide poste dall'IA autonoma in modo coordinato ed efficace.

IA e responsabilità morale: colpe e danni

La questione della responsabilità morale nell'uso dell'intelligenza artificiale (IA) solleva interrogativi complessi, soprattutto quando si tratta di attribuire colpe e responsabilità in caso di errori o danni causati da sistemi autonomi. La sfida principale risiede nel fatto che l'IA, come già detto, pur essendo in grado di eseguire compiti con un certo grado di indipendenza, non possiede una coscienza o un'intenzionalità propria. Di conseguenza, la responsabilità delle azioni compiute da un sistema di IA non può essere attribuita all'algoritmo stesso, ma deve essere ricondotta agli operatori umani che sono responsabili della sua creazione, programmazione e supervisione.

1. Definizione di responsabilità operativa e morale: gli sviluppatori e i progettisti di sistemi di IA devono garantire che le loro creazioni funzionino in modo etico e sicuro. Questo richiede l'adozione di **misure preventive** per ridurre il rischio di errori e danni, nonché la creazione di **protocolli per intervenire rapidamente in caso di malfunzionamenti**. La responsabilità morale implica un'analisi critica delle potenziali conseguenze etiche dell'impiego dell'IA e la disponibilità ad assumersi la responsabilità per le implicazioni a lungo termine delle tecnologie sviluppate.

2. Quadro normativo e linee guida etiche: è cruciale sviluppare un quadro normativo solido che includa linee guida etiche chiare per la progettazione, lo sviluppo e l'uso dell'IA. Questo quadro deve stabilire **principi di trasparenza, equità, non discriminazione e rispetto della privacy** come fondamentali per ogni progetto di IA. Meccanismi di audit indipendenti e sistematici devono essere previsti per monitorare la conformità dei sistemi di IA ai principi etici e legali stabiliti.

3. Educazione e formazione degli sviluppatori: garantire un uso responsabile dell'IA richiede una formazione adeguata per sviluppatori e progettisti. Questi professionisti devono possedere le competenze tecniche necessarie per creare sistemi di IA avanzati e una **solida comprensione delle implicazioni etiche** del loro lavoro. Programmi di formazione specifici dovrebbero includere moduli sull'etica dell'IA, sulla filosofia della tecnologia e sulle scienze sociali, fornendo una visione olistica delle sfide poste dall'integrazione dell'IA nella società.

4. Coinvolgimento degli stakeholder e dialogo aperto: la responsabilità morale nell'IA non può essere affrontata esclusivamente dagli sviluppatori e dai legislatori. Coinvolgere un'ampia gamma di stakeholder, inclusi utenti finali, esperti di etica, rappresentanti della società civile e decisori politici, in un dialogo aperto e inclusivo è essenziale. Questo approccio collaborativo facilita la condivisione di preoccupazioni, aspettative e consigli, contribuendo a definire standard etici condivisi e a promuovere pratiche di sviluppo responsabile.

5. Implementazione di meccanismi di feedback e aggiornamento continuo: i sistemi di IA devono essere progettati per adattarsi e evolversi in risposta ai feedback ricevuti. Meccanismi di feedback efficaci permettono di rilevare e correggere rapidamente eventuali bias o malfunzionamenti, garantendo che i sistemi rimangano allineati con i principi etici e le aspettative della società. Questo processo di aggiornamento continuo richiede un impegno costante nella ricerca e nello sviluppo, nonché la disponibilità a rivedere e modificare le pratiche di IA in base alle nuove scoperte e ai cambiamenti nel contesto sociale ed etico.

Responsabilità delle azioni delle macchine

Affrontare la questione della responsabilità per le azioni e gli errori commessi dalle macchine richiede un'analisi dettagliata e sistematica delle strutture legali ed etiche esistenti, nonché la formulazione di nuovi modelli normativi in grado di rispondere adeguatamente alla complessità intrinseca dell'intelligenza artificiale (IA). È imperativo operare **una chiara distinzione tra i vari livelli di autonomia delle macchine**, comprendendo a fondo come ciascun livello possa influenzare la distribuzione delle responsabilità tra i soggetti coinvolti.

Il primo passo cruciale consiste nell'identificare con precisione i **diversi attori coinvolti** lungo l'intero ciclo di vita dei sistemi di IA, che include le fasi di sviluppo, distribuzione e utilizzo. Questi attori comprendono **sviluppatori, fornitori e utenti finali**. Ogni attore assume un ruolo specifico e, di conseguenza, una responsabilità potenziale relativa alle azioni delle macchine. La sfida principale è **stabilire un quadro giuridico** che possa attribuire le responsabilità in modo equo ed efficace, tenendo conto del grado di controllo e dell'influenza che ciascun attore esercita sul comportamento del sistema di IA.

Una soluzione praticabile potrebbe consistere nell'adozione di un **modello di responsabilità basato sul rischio**, in cui la responsabilità è proporzionale al livello di controllo esercitato sull'IA e alla prevedibilità degli errori o dei danni causati. In tale modello, gli sviluppatori e i fornitori, che detengono il controllo sulla progettazione e sulla programmazione, sarebbero soggetti a un livello più elevato di responsabilità per eventuali malfunzionamenti o decisioni dannose. Gli **utenti finali**, invece, potrebbero essere ritenuti **responsabili solo in caso di uso improprio o di mancata adesione alle istruzioni** per un uso sicuro del sistema.

Per garantire l'efficacia di un modello del genere, è fondamentale sviluppare **meccanismi di tracciabilità che consentano di ricostruire la catena di decisioni** che ha condotto a un determinato comportamento dell'IA. Questo richiede la progettazione di sistemi di IA con capacità avanzate di registrazione e reporting, in grado di fornire una documentazione dettagliata delle operazioni effettuate, delle decisioni prese e dei dati utilizzati. Tale trasparenza operativa è essenziale per facilitare le indagini in caso di incidenti e per determinare con precisione le responsabilità.

Promuovere lo sviluppo di standard internazionali e di "best practice" per la progettazione etica e la valutazione dell'IA è di importanza cruciale. Tali standard dovrebbero includere linee guida approfondite sulla valutazione dei rischi, sulla sicurezza dei dati, sulla privacy e sull'equità, oltre a protocolli rigorosi per il testing e la validazione dei sistemi di IA prima del loro rilascio sul mercato. La collaborazione tra governi, industrie e comunità accademiche è fondamentale per stabilire un consenso globale su questi standard, assicurando che le tecnologie di IA siano sviluppate e utilizzate in modo responsabile e sicuro.

CAPITOLO 9:
IMPLICAZIONI DELL'IA
SULLA SICUREZZA
GLOBALE

L'intelligenza artificiale (IA) sta assumendo un ruolo di crescente importanza nella sicurezza globale, sia in ambito militare che informatico, trasformando radicalmente le modalità di difesa e offesa. La capacità dell'IA di analizzare e processare enormi volumi di dati a velocità ineguagliabili dall'uomo consente l'individuazione di minacce e vulnerabilità che altrimenti rimarrebbero celate. Tuttavia, l'integrazione dell'IA in questi settori solleva questioni complesse e articolate, che riguardano non solo l'efficacia delle strategie di sicurezza, ma anche le implicazioni etiche e legali che ne derivano.

Minacce militari: l'applicazione dell'IA nei sistemi militari si manifesta attraverso l'implementazione di **droni autonomi**, capaci di operare in teatri di guerra senza intervento umano diretto, e **sistemi di sorveglianza avanzata** che utilizzano algoritmi di riconoscimento e tracciamento per monitorare e analizzare movimenti sospetti in tempo reale. Inoltre, le **piattaforme di simulazione** per la formazione sfruttano l'intelligenza artificiale per creare scenari di addestramento realistici e dinamici, migliorando la preparazione strategica delle forze armate. Questi sistemi estendono le capacità difensive di una nazione, consentendo risposte più rapide e precise a potenziali minacce. Tuttavia, l'autonomia decisionale conferita dall'IA solleva interrogativi critici riguardanti la capacità di prendere decisioni etiche in contesti di conflitto, specialmente quando tali decisioni possono avere un impatto diretto su vite umane e implicazioni geopolitiche.

Vulnerabilità informatiche: nell'ambito della sicurezza informatica, l'IA viene utilizzata per potenziare i sistemi di difesa attraverso **l'analisi di pattern di comportamento anomali**, che potrebbero indicare tentativi di intrusione o altre minacce informatiche. Gli algoritmi di machine learning possono identificare deviazioni minime nei flussi di dati, suggerendo possibili compromissioni prima che queste si traducano in attacchi su vasta scala. **Tuttavia, la stessa IA può essere sfruttata dagli attaccanti per sviluppare malware estremamente sofisticati**, capaci di eludere le difese tradizionali, o per automatizzare attacchi su larga scala, come il **phishing mirato** o gli **attacchi Distributed Denial of Service (DDoS)**, i quali possono paralizzare intere reti. Questa dinamica crea una corsa all'innovazione nel **cyberspazio**, in cui difensori e aggressori si sfidano costantemente, cercando di superarsi a vicenda attraverso lo sviluppo di tecnologie sempre più avanzate.

Evoluzione delle strategie di difesa: le strategie di difesa devono evolversi continuamente per affrontare le minacce emergenti, richiedendo un adattamento costante alle nuove tecnologie. L'integrazione di sistemi di IA nella sicurezza globale implica la necessità di sviluppare nuovi protocolli operativi e standard che tengano conto delle capacità uniche e delle limitazioni dell'IA. È fondamentale progettare sistemi di controllo e supervisione che garantiscano che le decisioni prese dall'IA siano conformi ai principi etici e legali internazionali, prevedendo meccanismi di verifica e audit che assicurino la trasparenza e la responsabilità delle azioni intraprese.

Implicazioni etiche e legalità: l'utilizzo dell'IA in contesti militari e di sicurezza informatica solleva questioni etiche di rilevanza cruciale. La determinazione della responsabilità per le azioni compiute da un sistema autonomo rappresenta una sfida significativa, poiché la complessità delle decisioni prese dall'IA richiede un nuovo quadro normativo e giuridico. Inoltre, garantire la trasparenza e la "spiegabilità" delle decisioni prese dall'IA è essenziale per mantenere la fiducia pubblica e assicurare che tali sistemi operino in modo equo e giusto. La comunità internazionale deve affrontare queste domande attraverso un dialogo aperto e una cooperazione multilaterale, al fine di garantire che l'impiego dell'IA nella sicurezza globale sia guidato da valori condivisi e dal rispetto dei diritti umani, prevenendo abusi e garantendo un uso responsabile della tecnologia.

Per affrontare le complesse sfide derivanti dall'integrazione dell'intelligenza artificiale (IA) nella sicurezza globale, è imprescindibile adottare un approccio multidisciplinare che coinvolga una vasta gamma di esperti, ciascuno con competenze specifiche e approfondite nei rispettivi campi. Questo approccio deve includere specialisti in tecnologia, in grado di comprendere le sofisticate architetture degli algoritmi di IA e le loro potenziali vulnerabilità; esperti in etica, capaci di valutare le implicazioni morali e sociali delle applicazioni IA, assicurando che le tecnologie rispettino i diritti umani e le norme etiche internazionali; giuristi con una profonda conoscenza delle leggi internazionali e nazionali, che possano garantire che le applicazioni IA siano conformi ai requisiti legali e regolamentari; e strateghi militari, che possano integrare l'IA nei contesti di difesa nazionale, valutando sia le opportunità che i rischi strategici. La creazione di un ecosistema collaborativo tra questi stakeholder è essenziale per promuovere lo scambio di conoscenze dettagliate e di migliori pratiche, al fine di prevedere con precisione le implicazioni future dell'IA e sviluppare soluzioni innovative che massimizzino i benefici riducendo i rischi a livelli accettabili. In questo contesto, la formazione continua e l'aggiornamento costante dei professionisti del settore diventano elementi chiave per assicurare che siano adeguatamente preparati a gestire le nuove tecnologie emergenti, mantenendo una comprensione aggiornata delle ultime innovazioni e delle minacce in evoluzione.

Sviluppo di standard internazionali: l'istituzione di standard internazionali per l'uso dell'IA in ambito militare e di sicurezza informatica è cruciale per stabilire limiti chiari e condivisi che possano essere adottati globalmente. Questi standard devono essere dettagliati e includere **linee guida specifiche sulla progettazione etica degli algoritmi**, garantendo che gli sviluppatori integrino principi di equità, trasparenza e responsabilità **fin dalle prime fasi di sviluppo**. È altresì necessario definire criteri rigorosi per la valutazione dell'impatto sociale delle tecnologie IA, attraverso metriche che misurino non solo l'efficacia tecnica ma anche le conseguenze sociali e culturali. Inoltre, devono essere sviluppati **protocolli dettagliati per la gestione delle crisi**, che prevedano procedure operative standardizzate per la risposta a incidenti di sicurezza informatica su larga scala. La cooperazione internazionale, facilitata da organizzazioni come le **Nazioni Unite**, è fondamentale per l'adozione di tali standard, promuovendo un approccio uniforme alla regolamentazione dell'IA che rispetti i principi di sovranità nazionale e non interferisca con le capacità difensive degli Stati, garantendo al contempo la sicurezza collettiva.

Tecnologie di controazione: contrastare le minacce avanzate basate sull'IA richiede lo sviluppo di tecnologie di controazione sofisticate e mirate. È essenziale impiegare sistemi di IA dedicati alla rilevazione e neutralizzazione di malware, che utilizzino algoritmi di apprendimento automatico per identificare rapidamente schemi anomali e comportamenti sospetti nel traffico di rete. Devono essere sviluppati algoritmi avanzati capaci di identificare e bloccare tentativi di manipolazione tramite tecniche sofisticate come i deepfake, utilizzando metodi di autenticazione basati su segnali biometrici e analisi forense digitale. La ricerca e lo sviluppo in questo settore devono essere prioritari, con un focus su tecnologie di rilevamento proattivo e prevenzione delle minacce, per mantenere un passo avanti rispetto agli attori malevoli che sfruttano vulnerabilità emergenti.

Formazione e sensibilizzazione: mitigare i rischi associati all'uso dell'IA nella sicurezza globale richiede un impegno significativo nella formazione e sensibilizzazione di tutti gli attori coinvolti. È cruciale progettare programmi educativi specifici e dettagliati che forniscano ai professionisti della sicurezza le competenze tecniche necessarie per gestire efficacemente le tecnologie IA, includendo moduli su apprendimento automatico, sicurezza dei dati e analisi delle minacce. Inoltre, è fondamentale sensibilizzare i decisori politici e il pubblico sulle potenzialità e i pericoli dell'IA, attraverso campagne informative che illustrino scenari realistici di rischio e opportunità, contribuendo a creare una cultura della sicurezza informatica più robusta e consapevole.

Collaborazione tra settore pubblico e privato: la collaborazione tra il settore pubblico e quello privato è di importanza cruciale nello sviluppo di soluzioni di sicurezza basate sull'IA. Le aziende tecnologiche, con la loro capacità di innovazione e sviluppo rapido, possono offrire contributi significativi nel campo della sicurezza informatica e della difesa, sviluppando tecnologie all'avanguardia e strumenti analitici avanzati. Le agenzie governative, d'altra parte, forniscono il contesto normativo e le risorse finanziarie necessarie per sostenere progetti di ricerca, garantendo che le tecnologie sviluppate rispettino le normative vigenti e siano allineate con gli interessi di sicurezza nazionale. Una partnership efficace tra questi due settori permette di accelerare lo sviluppo di tecnologie IA sicure e affidabili, garantendo che il loro impiego sia conforme agli obiettivi nazionali e internazionali, e che le soluzioni sviluppate siano scalabili e adattabili a diversi contesti operativi.

Armi autonome e scenari di guerra

Le armi autonome rappresentano una delle applicazioni più discusse e potenzialmente destabilizzanti dell'intelligenza artificiale nel contesto della sicurezza globale. Questi sistemi, caratterizzati da un elevato grado di autonomia operativa, sollevano interrogativi fondamentali riguardo alla **delega delle decisioni belliche a entità prive di coscienza e capacità di discernimento morale**. La programmazione di tali dispositivi richiede lo sviluppo e l'implementazione di algoritmi di apprendimento automatico estremamente sofisticati, capaci di eseguire operazioni complesse quali l'identificazione, l'inseguimento e l'ingaggio di obiettivi specifici senza la necessità di un intervento umano diretto e continuo. L'impiego di armi autonome nei contesti bellici pone sfide etiche e strategiche di notevole rilevanza, richiedendo un'analisi dettagliata per comprendere appieno le implicazioni di queste tecnologie avanzate.

Dal punto di vista etico, una delle preoccupazioni principali riguarda la **capacità delle armi autonome di prendere decisioni che siano in linea con i principi stabiliti dal diritto internazionale umanitario**. Tali principi includono, tra gli altri, la **necessità di distinguere con precisione tra combattenti e non combattenti** e di **assicurare che l'uso**

della forza sia proporzionato alla minaccia. Programmare un sistema di intelligenza artificiale che possa valutare accuratamente queste variabili in contesti di combattimento complessi e in continua evoluzione rappresenta una sfida significativa. La questione della responsabilità per le azioni intraprese da queste armi è di cruciale importanza: in caso di errori che si traducano in danni collaterali, determinare chi debba essere ritenuto responsabile - che si tratti degli sviluppatori del sistema, dei comandanti militari o dello Stato utilizzatore - è un compito complesso che solleva questioni legali intricate e richiede un'analisi giuridica approfondita.

Sul **piano strategico**, l'introduzione di armi autonome nel teatro delle operazioni militari ha il potenziale di **alterare significativamente le dinamiche dei conflitti armati**. La capacità di condurre operazioni militari a distanza, riducendo al minimo i rischi per le forze armate, potrebbe abbassare la soglia di ingresso in guerra, portando a un aumento della frequenza e della rapidità dei conflitti. **La velocità e l'efficienza delle decisioni prese da sistemi di intelligenza artificiale potrebbero superare le capacità decisionali umane**, ma questo vantaggio tecnologico solleva interrogativi sulla sicurezza e sulla stabilità strategica. In particolare, esiste il rischio di errori di identificazione o di valutazione delle minacce che potrebbero innescare risposte militari non intenzionali, con conseguenze potenzialmente disastrose.

Per affrontare queste sfide, è essenziale sviluppare un quadro normativo internazionale che regoli in modo dettagliato e rigoroso lo sviluppo e l'uso delle armi autonome. Questo quadro dovrebbe includere:

1. Principi etici e legali chiari e ben definiti per la progettazione, la programmazione e l'impiego di armi autonome. È fondamentale garantire che le decisioni prese da tali sistemi siano conformi ai diritti umani e al diritto internazionale umanitario, prevedendo criteri stringenti per l'uso della forza e la protezione dei civili.

2. Meccanismi di responsabilità che definiscano in modo preciso le responsabilità legali in caso di malfunzionamenti o di azioni dannose. Questi meccanismi devono assicurare un adeguato controllo umano sulle decisioni critiche, stabilendo procedure per l'attribuzione della responsabilità che siano chiare e condivise a livello internazionale.

3. Protocolli di sicurezza avanzati per prevenire l'uso non autorizzato o il dirottamento di tali sistemi da parte di attori non statali o di Stati ostili. Questi protocolli devono includere misure di sicurezza informatica robuste e procedure per il monitoraggio continuo delle operazioni dei sistemi autonomi.

4. Iniziative di trasparenza che promuovano la condivisione di informazioni dettagliate sullo sviluppo e sull'impiego di armi autonome tra gli Stati. Tali iniziative devono facilitare la verifica del rispetto delle normative internazionali e contribuire a rafforzare la fiducia reciproca, prevenendo la proliferazione incontrollata di queste tecnologie e promuovendo un dialogo costruttivo tra le nazioni.

Dilemma vita e morte nelle macchine

Affrontare il dilemma della decisione tra vita e morte affidata alle macchine richiede un'analisi approfondita delle implicazioni etiche, legali e tecnologiche. È essenziale esaminare in dettaglio come gli algoritmi di apprendimento automatico e le reti neurali profonde siano progettati e programmati per elaborare decisioni in scenari di guerra, nei quali le conseguenze possono essere irreversibili e di vasta portata. La progettazione di sistemi di intelligenza artificiale (IA) che operano in autonomia in contesti bellici solleva questioni complesse riguardo alla loro capacità di fare distinzioni etiche e morali in situazioni di vita o di morte, richiedendo una comprensione approfondita delle capacità computazionali e delle limitazioni di tali sistemi.

Un **caso ipotetico** che illustra la complessità di queste decisioni riguarda **l'uso di droni autonomi per attacchi mirati**. Supponiamo che un drone sia programmato per identificare e neutralizzare un leader nemico in base a specifici parametri di riconoscimento, come caratteristiche biometriche uniche, movimenti identificabili tramite algoritmi di tracciamento e dati di intelligence raccolti da fonti multiple. Tuttavia, nel momento dell'attacco, il drone rileva la presenza di civili non coinvolti nelle vicinanze del bersaglio, utilizzando sensori avanzati e algoritmi di riconoscimento facciale. Un sistema di IA deve quindi valutare in tempo reale se procedere con l'attacco, minimizzando le perdite civili, o ritirarsi per evitare danni collaterali. Questa decisione richiede un'analisi complessa che consideri non solo i parametri di missione, come la probabilità di successo e il rischio per le forze amiche, ma anche **principi etici universali, come il rispetto per la vita umana e la minimizzazione del danno**.

È necessario sviluppare nei sistemi di IA protocolli decisionali avanzati che simulino il ragionamento etico umano. Questi protocolli potrebbero basarsi su modelli di etica applicata, come l'etica delle conseguenze, che valuta le azioni in base alle loro conseguenze, calcolando i possibili esiti di ogni decisione e assegnando un valore a ciascun esito, o **l'etica deontologica**, che considera le azioni intrinsecamente giuste o sbagliate a prescindere dalle loro conseguenze, stabilendo regole rigide da seguire in ogni circostanza. L'integrazione di tali modelli richiede **un'interfaccia avanzata tra l'ingegneria dell'IA e la filosofia morale**, dove ogni scenario di decisione viene analizzato attraverso simulazioni che considerano variabili multiple, inclusi i principi del diritto internazionale umanitario, le norme di ingaggio e le regole militari.

Un approccio tecnico per implementare questi principi nei sistemi di IA implica l'uso di reti neurali profonde con architetture capaci di elaborare e valutare scenari complessi. Queste reti potrebbero essere addestrate utilizzando vasti dataset che includono esempi di decisioni etiche prese in contesti bellici reali, codificati attraverso un linguaggio formale che descrive le variabili in gioco, come le posizioni dei bersagli, le condizioni ambientali e i profili di minaccia. L'addestramento di tali sistemi richiederebbe l'uso di tecniche di apprendimento rinforzato, dove le reti neurali sono ricompensate per scelte che massimizzano l'aderenza ai principi etici predefiniti, con meccanismi di feedback che correggono le deviazioni e migliorano la precisione decisionale. Tuttavia, l'implementazione pratica di questi sistemi solleva questioni di trasparenza e "spiegabilità". È cruciale che le decisioni prese da sistemi di IA in contesti di vita o di morte siano comprensibili per gli operatori umani e che **esistano meccanismi di "override" umano** in caso di valutazioni discutibili da parte dell'IA. Questo implica lo sviluppo di interfacce utente che presentino le analisi decisionali dell'IA in formati accessibili, come grafici di flusso, report dettagliati e visualizzazioni interattive, consentendo agli operatori di valutare rapidamente la base logica di una decisione e intervenire se necessario, garantendo che le decisioni finali riflettano un equilibrio tra efficienza tecnologica e giudizio umano.

Sfide della cybersecurity e vulnerabilità dell'IA

Nell'ambito della **cybersecurity**, l'intelligenza artificiale (IA) introduce nuove vulnerabilità e strategie di difesa che richiedono un'analisi dettagliata e approfondita. Le sfide principali emergono dalla sofisticata capacità degli attaccanti di sfruttare le caratteristiche specifiche degli algoritmi di apprendimento automatico per indurli in errore. Un esempio noto e tecnicamente complesso è **l'attacco di evasione**, in cui gli input malevoli vengono progettati con precisione per essere classificati erroneamente da un modello di IA, senza che vi sia una percezione umana di alterazione. Questi input possono essere creati manipolando i pixel di un'immagine o alterando leggermente i dati di input in modo che, pur sembrando innocui a un osservatore umano, inducano il modello a prendere decisioni errate. Tali attacchi possono risultare particolarmente dannosi in applicazioni critiche come i sistemi di riconoscimento facciale, dove un'identità può essere falsificata, o nei sistemi di filtraggio di spam, dove email pericolose possono passare inosservate.

Un'altra vulnerabilità significativa è l'**avvelenamento dei dati**, che si verifica quando gli attaccanti manipolano deliberatamente i dati di addestramento per indurre il modello ad apprendere comportamenti errati. Questo avviene mediante l'inserimento di esempi malevoli nel dataset di addestramento, alterando la distribuzione statistica dei dati per distorcere le decisioni del modello. Gli attaccanti possono introdurre dati che appaiono legittimi ma che, in realtà, contengono pattern specifici capaci di influenzare il modello a comportarsi in modo anomalo in presenza di determinati input.

Contrastare queste minacce richiede l'adozione di strategie di difesa avanzate che includano:

1. Validazione dei dati: è cruciale implementare un processo rigoroso di validazione e pulizia dei dataset per rimuovere possibili input malevoli. Questo può essere realizzato utilizzando tecniche di IA avanzate che identificano anomalie nei dati attraverso analisi statistiche e metodi di rilevamento delle anomalie basati su machine learning. Questi metodi possono includere l'uso di reti neurali "autoencoder" per identificare discrepanze nei dati di input rispetto al comportamento atteso.

2. Addestramento robusto: l'addestramento dei modelli con tecniche di **apprendimento robusto** può aumentare la loro resilienza agli attacchi. Questo approccio prevede l'esposizione del modello a esempi di attacchi durante la fase di addestramento, utilizzando tecniche come il **"training adversarial"**, in cui il modello è addestrato con dati che includono perturbazioni intenzionali per migliorare la sua capacità di resistere a tali manipolazioni.

3. Isolamento e sandboxing: eseguire sistemi di IA in ambienti isolati o sandbox rappresenta una misura di sicurezza che può limitare il danno in caso di compromissione. Gli ambienti sandbox forniscono un contesto controllato in cui il software può essere eseguito in modo sicuro, impedendo che eventuali comportamenti malevoli si propaghino al sistema principale.

4. **Monitoraggio continuo**: l'implementazione di sistemi di monitoraggio in tempo reale si rivela fondamentale per identificare comportamenti sospetti o deviazioni dalle prestazioni attese. Questi sistemi possono utilizzare analisi comportamentali avanzate e tecniche di rilevamento delle intrusioni basate su IA per analizzare costantemente l'output del modello e rilevare eventuali anomalie.

5. **Crittografia e sicurezza dei dati**: proteggere i dati utilizzati per l'addestramento e l'esecuzione dei modelli di IA mediante tecniche di crittografia avanzate è essenziale per prevenire l'accesso non autorizzato. Questo include **l'uso di cifratura a chiave pubblica e privata** per proteggere i dati in transito e a riposo, nonché l'implementazione di **protocolli di sicurezza come TLS** per garantire la sicurezza delle comunicazioni.

6. **Audit e revisione periodica**: sottoporre regolarmente i sistemi di IA a revisioni di sicurezza e audit indipendenti rappresenta una pratica fondamentale per rivelare vulnerabilità precedentemente non identificate. Questi audit possono includere test di penetrazione specifici per l'IA e

valutazioni di sicurezza che esaminano l'integrità e la sicurezza del modello e dei suoi dati di input.

7. Formazione e sensibilizzazione: educare gli sviluppatori e gli utenti finali sui rischi associati all'IA e sulle migliori pratiche di sicurezza è cruciale per ridurre il rischio di attacchi. Questo può includere programmi di formazione dettagliati su come riconoscere e mitigare le minacce specifiche all'IA, nonché l'adozione di protocolli di sicurezza standardizzati.

8. Risposta agli incidenti: avere un piano di risposta agli incidenti specifico per le applicazioni di IA è essenziale per accelerare la risoluzione degli attacchi e minimizzare i danni. Questo piano dovrebbe includere procedure dettagliate per l'identificazione, il contenimento, l'eradicazione e il recupero da incidenti di sicurezza, oltre a una strategia di comunicazione chiara per informare le parti interessate.

CAPITOLO 10: FUTURO OSCURO DELL'IA

L'intelligenza artificiale (IA) si trova attualmente in una fase di sviluppo cruciale, caratterizzata da **potenzialità che spaziano dall'essere profondamente trasformative all'essere potenzialmente distruttive.** L'evoluzione tecnologica dell'IA procede a un ritmo accelerato, portando alla ribalta una serie di questioni pressanti che riguardano la sicurezza dei dati, la protezione della privacy degli individui, le implicazioni etiche delle sue applicazioni e le strutture di governance necessarie per il suo controllo. L'IA ha il potenziale di rivoluzionare settori come la medicina, migliorando la diagnosi e il trattamento delle malattie tramite algoritmi predittivi avanzati, l'istruzione, personalizzando l'apprendimento per adattarlo alle esigenze individuali degli studenti, e la sostenibilità, ottimizzando l'uso delle risorse naturali e riducendo l'impatto ambientale. Tuttavia, **esistono scenari estremi** che richiedono un'analisi dettagliata e l'implementazione di strategie di mitigazione dei rischi. Problematiche come i bias algoritmici, che si manifestano quando i modelli di IA riflettono o amplificano pregiudizi preesistenti nei dati di addestramento, la sorveglianza pervasiva, che può compromettere la privacy individuale attraverso l'uso di tecnologie come il riconoscimento facciale su larga scala, l'automazione del lavoro, che può portare a una significativa riallocazione delle forze lavorative con potenziali impatti negativi sull'occupazione, e lo sviluppo di armi autonome, che sollevano interrogativi sulla delega di decisioni critiche a sistemi non umani, emergono con il progredire dell'IA, sollevando interrogativi fondamentali sulla direzione da prendere nell'implementazione di queste tecnologie.

Il bias algoritmico rappresenta una sfida di grande rilevanza, in quanto può non solo perpetuare ma anche amplificare le disuguaglianze sociali esistenti. È essenziale disporre di dataset di addestramento che siano ampiamente diversificati e rappresentativi della popolazione per evitare distorsioni nei risultati degli algoritmi. Questo implica **un'attenta selezione e pre-elaborazione dei dati, garantendo che includano una varietà di caratteristiche demografiche e socioeconomiche**. Inoltre, lo sviluppo di **algoritmi trasparenti**, che possano essere esaminati e compresi nei loro processi decisionali, e spiegabili, ovvero capaci di fornire ragioni comprensibili per le loro decisioni, è cruciale per identificare e correggere i pregiudizi intrinseci. Questo approccio promuove un'IA che opera in modo equo, riducendo il rischio di discriminazioni sistemiche.

La **sorveglianza facilitata dall'IA solleva serie preoccupazioni riguardo alla privacy e alla libertà individuale**. Tecnologie avanzate come il riconoscimento facciale, che utilizzano algoritmi di visione artificiale per identificare e tracciare individui, possono essere impiegate per monitorare le persone su vasta scala, con il rischio di abusi di potere da parte di enti governativi o privati. È quindi fondamentale stabilire quadri normativi rigorosi che regolino l'uso di tali tecnologie, **bilanciando i potenziali benefici della sorveglianza, come la sicurezza pubblica e la prevenzione dei crimini, con la necessità di proteggere i diritti fondamentali degli individui, come la privacy e la libertà di movimento.**

L'automazione del lavoro guidata dall'IA presenta un insieme complesso di opportunità e sfide. Da un lato, essa può liberare gli esseri umani da compiti che sono ripetitivi, monotoni o intrinsecamente pericolosi, migliorando la sicurezza sul lavoro e la soddisfazione professionale. Dall'altro lato, esiste il rischio concreto di disoccupazione diffusa, poiché le macchine possono sostituire lavori umani in molti settori, e di aumento delle disuguaglianze economiche, con i benefici dell'automazione che potrebbero concentrarsi in mano a pochi. È essenziale esplorare e implementare strategie come la formazione continua, che consente ai lavoratori di acquisire nuove competenze richieste dal mercato del lavoro in evoluzione, e il reddito di base universale, che potrebbe fornire un sostegno finanziario incondizionato per mitigare gli effetti negativi della disoccupazione tecnologica, garantendo che i benefici dell'automazione siano distribuiti equamente tra tutta la popolazione.

Le armi autonome pongono dilemmi di natura etica e strategica di grande complessità. Affidare a sistemi di IA la capacità di prendere decisioni di vita o di morte solleva questioni fondamentali sulla responsabilità morale e legale, nonché sull'aderenza ai principi del diritto internazionale umanitario, i quali stabiliscono norme per la condotta dei conflitti armati. La comunità internazionale deve collaborare strettamente per stabilire limiti chiari e protocolli di controllo rigorosi per l'uso delle armi autonome, assicurando che il loro impiego sia etico e responsabile, e prevenendo il rischio di escalation incontrollate o di violazioni dei diritti umani.

Affrontare efficacemente le sfide poste dall'intelligenza artificiale richiede un approccio multidisciplinare che coinvolga specialisti in tecnologia avanzata, esperti in etica applicata, giuristi con competenze specifiche nel diritto della tecnologia e analisti di politica pubblica. Questi professionisti devono collaborare strettamente per sviluppare un quadro regolamentare che bilanci l'innovazione con la protezione dei diritti fondamentali. Creare un organismo internazionale dedicato alla supervisione dell'IA può facilitare lo sviluppo di standard globali e promuovere la condivisione delle migliori pratiche tra nazioni e industrie. Questo organismo dovrebbe essere incaricato di monitorare l'evoluzione delle tecnologie

IA, analizzando in modo continuo e dettagliato i rischi associati alle nuove applicazioni e proponendo linee guida per un uso responsabile e sicuro. È essenziale promuovere un dialogo aperto e costruttivo tra i creatori di tecnologia, i decisori politici e il pubblico, affinché le preoccupazioni etiche e sociali siano adeguatamente considerate e integrate nei processi decisionali.

La regolamentazione svolge un ruolo chiave nel modellare il futuro dell'IA. **Le leggi devono essere progettate per promuovere l'innovazione, proteggendo al contempo i cittadini dai potenziali danni, attraverso la regolamentazione rigorosa dell'uso dei dati personali, la definizione di standard di sicurezza per i sistemi di IA e la creazione di meccanismi di responsabilità chiari e applicabili per gli sviluppatori e gli utilizzatori**. Tali regolamenti devono essere sufficientemente flessibili per adattarsi al rapido sviluppo tecnologico, ma anche abbastanza solidi da prevenire abusi e garantire il rispetto dei diritti umani.

Educare e sensibilizzare la società è fondamentale per prepararla agli impatti dell'IA. I programmi educativi devono includere competenze digitali avanzate e conoscenze di base sull'IA, consentendo ai cittadini di comprendere e interagire efficacemente con le tecnologie emergenti. L'istruzione continua e la riqualificazione professionale sono cruciali per aiutare i lavoratori a sviluppare le competenze necessarie per adattarsi al cambiamento del panorama occupazionale causato dall'automazione, contribuendo a ridurre il rischio di disoccupazione tecnologica.

La collaborazione internazionale è essenziale per affrontare le sfide globali poste dall'IA. Gli sforzi congiunti tra nazioni facilitano lo scambio di conoscenze tecniche, la definizione di standard etici e legali condivisi e lo sviluppo di strategie comuni per sfruttare i benefici dell'IA minimizzando i rischi. La cooperazione tra paesi può prevenire una "corsa verso il basso" in termini di standard di sicurezza e protezione dei diritti umani, assicurando che le tecnologie IA siano sviluppate e implementate in modo responsabile.

Promuovere lo sviluppo di un'IA etica e responsabile implica integrare principi etici nelle fasi iniziali della progettazione e dello sviluppo dei sistemi di IA, assicurando che le tecnologie siano allineate con i valori umani fondamentali. Gli sviluppatori di IA devono adottare approcci di progettazione partecipativa, coinvolgendo stakeholder diversi, inclusi gruppi potenzialmente svantaggiati, per garantire che i sistemi di IA siano inclusivi e non discriminatori. Questo richiede un impegno concreto a considerare le implicazioni sociali e culturali delle tecnologie IA, assicurando che siano progettate per il bene comune.

Singolarità tecnologica: mito o minaccia reale?

La **singolarità tecnologica** rappresenta un punto di svolta teorico nella cronologia dell'umanità, **caratterizzato dall'emergere di un'intelligenza artificiale (IA) dotata di capacità cognitive che non solo eguagliano, ma superano quelle umane**. Questo evento, noto come l'emergere di una **superintelligenza**, pone interrogativi cruciali riguardo al futuro della società, alle dinamiche economiche e alla natura stessa dell'esistenza umana. La possibilità che l'IA possa oltrepassare le capacità intellettuali umane non si limita all'ambito del progresso tecnologico, ma solleva questioni etiche, filosofiche e pratiche di vasta portata e complessità.

1. Definizione e contesto: la singolarità tecnologica è definita come **il momento in cui un sistema di intelligenza artificiale raggiunge e supera le capacità intellettive umane, acquisendo la facoltà di auto-miglioramento autonomo, potenzialmente in modo esponenziale**. Questo concetto si basa sull'ipotesi che, una volta raggiunto un certo livello di sviluppo, l'IA possa progettare versioni successive di sé stessa, incrementando la propria efficacia e complessità senza necessitare di intervento umano diretto. Tale capacità di auto-miglioramento implica che l'IA possa ottimizzare i propri algoritmi, espandere le proprie capacità di calcolo e apprendimento e sviluppare nuove architetture cognitive che trascendono le attuali limitazioni.

2. **Possibili scenari post-singolarità**: gli scenari che potrebbero emergere successivamente alla singolarità tecnologica sono eterogenei e ampiamente variabili. Alcuni teorici prospettano un'era di abbondanza e prosperità, in cui problemi globali come la povertà, le malattie e persino la mortalità umana potrebbero essere affrontati e risolti grazie a tecnologie avanzate in grado di migliorare significativamente la qualità della vita. Al contrario, altri avvertono dei pericoli associati alla perdita di controllo sull'IA, che potrebbe evolvere in modi imprevedibili e potenzialmente portare a esiti catastrofici per l'umanità, come il collasso delle strutture sociali esistenti o la soppressione della libertà individuale.

3. **Implicazioni etiche e sociali**: la possibilità dell'emergere di una superintelligenza solleva questioni etiche di estrema profondità e complessità. Un interrogativo centrale riguarda chi avrà il controllo su queste tecnologie avanzate e come si potrà garantire che le IA allineino i loro obiettivi e azioni con

i valori e gli interessi umani. Inoltre, la prospettiva di disuguaglianze estreme, in cui un ristretto numero di individui o entità detiene il potere e il controllo su tecnologie avanzate, genera preoccupazioni significative sulla distribuzione equa dei benefici derivanti dall'IA, rischiando di amplificare le disparità economiche e sociali esistenti.

4. Preparazione e mitigazione dei rischi: affrontare i rischi potenziali associati alla singolarità tecnologica richiede lo sviluppo di strategie di mitigazione specifiche e ben strutturate. È essenziale condurre ricerche approfondite su come mantenere un controllo efficace e sicuro sull'IA, sviluppare sistemi di IA che siano etici e allineati con gli interessi umani e creare quadri normativi internazionali robusti per governare lo sviluppo e l'uso dell'IA. Questi quadri dovrebbero includere norme e linee guida dettagliate su aspetti come la trasparenza degli algoritmi, la responsabilità delle decisioni prese dall'IA e la protezione dei diritti umani.

5. Ricerca e dialogo interdisciplinare: superare le sfide poste dalla singolarità tecnologica richiede un approccio interdisciplinare che coinvolga esperti di intelligenza artificiale, filosofi, esperti di etica, giuristi e rappresentanti della società civile. Un dialogo aperto, continuo e inclusivo può facilitare la gestione delle complessità etiche e sociali legate allo sviluppo di una superintelligenza, assicurando che le tecnologie emergenti siano sviluppate e implementate in modo responsabile, con benefici equamente distribuiti per tutta l'umanità. Questo approccio richiede la creazione di piattaforme collaborative che promuovano la condivisione di conoscenze e l'elaborazione congiunta di soluzioni innovative.

Regolamentazione e governance dell'IA

Affrontare le sfide della regolamentazione e della governance dell'intelligenza artificiale richiede un approccio olistico che integri in modo coerente e interconnesso principi etici fondamentali, norme giuridiche rigorose e meccanismi di controllo efficaci e trasparenti. La complessità intrinseca dell'intelligenza artificiale, caratterizzata dalle sue avanzate capacità di auto-apprendimento e autonomia decisionale, impone la necessità di un quadro normativo dinamico, progettato per adattarsi in modo agile e tempestivo ai rapidi e continui progressi tecnologici. Di seguito, vengono sintetizzati alcuni strumenti normativi e principi chiave per un controllo responsabile e ben strutturato dell'intelligenza artificiale:

1. Principi etici universali: la definizione di un insieme di principi etici universali rappresenta la base imprescindibile della governance dell'intelligenza artificiale. Questi principi dovrebbero comprendere la trasparenza, intesa come la capacità di rendere comprensibili e accessibili i processi decisionali degli algoritmi; la **giustizia**, che implica l'equità nei risultati prodotti dai sistemi di IA; la **non discriminazione**, che richiede l'eliminazione di bias e pregiudizi nei dati e negli algoritmi; la responsabilità, che si traduce nella capacità di attribuire in modo chiaro e preciso la paternità delle decisioni algoritmiche; e il **rispetto della privacy**, che garantisce la protezione dei dati personali degli utenti. È cruciale che tali principi siano integrati in tutte le fasi di progettazione, sviluppo e implementazione dei sistemi di intelligenza artificiale, assicurando che le decisioni algoritmiche riflettano in modo fedele e coerente i valori umani fondamentali.

2. Standard internazionali e certificazioni: la creazione di standard internazionali per la sicurezza, la qualità e l'etica dell'intelligenza artificiale è essenziale per promuovere pratiche di sviluppo e utilizzo responsabili. Questi standard dovrebbero essere supportati da sistemi di certificazione rigorosi e trasparenti, i quali confermino la conformità dei prodotti e dei servizi di intelligenza artificiale ai criteri stabiliti. Tali certificazioni, rilasciate da organismi indipendenti e riconosciuti a livello internazionale, aumentano la fiducia degli utenti e dei consumatori, garantendo che le tecnologie impiegate soddisfino requisiti elevati di sicurezza e qualità.

3. Quadri regolamentari agili: i legislatori devono adottare quadri regolamentari agili e flessibili, capaci di essere aggiornati in modo rapido ed efficace in risposta all'evoluzione continua delle tecnologie di intelligenza artificiale. Questo richiede l'implementazione di **meccanismi di revisione periodica delle leggi e delle normative esistenti, al fine di garantire che rimangano pertinenti ed efficaci nel tempo**. È importante che la regolamentazione si basi su un approccio orientato ai rischi, concentrando gli sforzi normativi sulle applicazioni di intelligenza artificiale che presentano i maggiori rischi per la società e l'individuo, come quelle che coinvolgono la sicurezza pubblica, la privacy e i diritti umani.

4. Meccanismi di responsabilità e ricorso: stabilire chiare linee di responsabilità per le decisioni e le azioni compiute dai sistemi di intelligenza artificiale è fondamentale. Ciò include la definizione di chi sia responsabile in caso di danni o errori causati dall'IA e la creazione di meccanismi di ricorso efficaci e accessibili per le persone colpite da decisioni algoritmiche. La possibilità di contestare e ottenere riparazione per decisioni ingiuste o dannose è cruciale per costruire un ambiente di fiducia attorno all'uso dell'intelligenza artificiale, garantendo che gli utenti abbiano mezzi adeguati per difendere i propri diritti.

5. Formazione e sensibilizzazione: è vitale promuovere la formazione e la sensibilizzazione sull'intelligenza artificiale tra i legislatori, i regolatori e il pubblico generale per una governance efficace. Comprendere le basi tecniche dell'intelligenza artificiale, le sue applicazioni e le implicazioni etiche e sociali consente una partecipazione informata e consapevole al dibattito pubblico e supporta lo sviluppo di politiche e regolamenti adeguati e ben informati. La formazione dovrebbe includere programmi dettagliati e specifici che coprano aspetti tecnici, legali ed etici dell'IA.

6. Collaborazione multistakeholder: la governance dell'intelligenza artificiale richiede un approccio collaborativo che coinvolga una vasta gamma di stakeholder, inclusi accademici, industrie, organizzazioni della società civile e istituzioni internazionali. La condivisione di conoscenze, esperienze e pratiche migliori tra i diversi attori può facilitare l'identificazione di soluzioni condivise e promuovere l'adozione di approcci di regolamentazione armonizzati a livello globale. La collaborazione dovrebbe essere strutturata attraverso piattaforme e forum che consentano un dialogo continuo e costruttivo tra le parti coinvolte.

7. Valutazioni d'impatto etico e sociale: prima del lancio di nuovi prodotti o servizi di intelligenza artificiale, è importante condurre valutazioni d'impatto etico e sociale dettagliate per identificare e mitigare potenziali rischi. Queste valutazioni dovrebbero esaminare in modo approfondito gli effetti dell'intelligenza artificiale sulla privacy, sulla sicurezza, sui diritti umani e sulle dinamiche sociali, fornendo raccomandazioni specifiche per la gestione responsabile di tali impatti. Le valutazioni dovrebbero essere eseguite da esperti indipendenti e basarsi su metodologie rigorose e trasparenti.

8. Ricerca e sviluppo responsabile: è essenziale incoraggiare la ricerca e lo sviluppo responsabile nell'ambito dell'intelligenza artificiale per garantire che le innovazioni siano allineate con i valori etici e sociali. Questo approccio promuove la fiducia nelle tecnologie emergenti e stimola un progresso tecnologico che rispetta i diritti e le aspettative della società. La ricerca dovrebbe essere guidata da principi etici chiari e trasparenti e dovrebbe includere valutazioni continue dei rischi e dei benefici associati alle nuove tecnologie.

Strade verso un uso responsabile dell'IA

Nell'ambito della regolamentazione e della governance dell'intelligenza artificiale, **l'adozione di un approccio proattivo e pragmatico** è cruciale per garantire che l'evoluzione di questa tecnologia sia saldamente ancorata a principi etici solidi e a una visione lungimirante. Ciò implica l'implementazione di strategie dettagliate e ben strutturate da parte di governi, aziende e cittadini, che mirino a promuovere un uso dell'IA responsabile e sostenibile, massimizzando i benefici derivanti dall'innovazione tecnologica e minimizzando i rischi associati.

I governi devono collocare al centro delle loro politiche la **creazione di quadri normativi che siano al tempo stesso flessibili e robusti**. Tali quadri devono essere progettati per adattarsi con rapidità e precisione ai cambiamenti tecnologici, evitando di ostacolare l'innovazione. È essenziale che questi quadri normativi siano in grado di proteggere i cittadini da potenziali danni, sia fisici che digitali, derivanti dall'uso improprio o non etico dell'IA. Un elemento cruciale in questo contesto è la **creazione di agenzie o enti regolatori specializzati nell'intelligenza artificiale**, dotati di personale altamente qualificato e di competenze tecniche avanzate per monitorare in modo continuo e dettagliato lo sviluppo e l'impiego delle tecnologie IA. Questi organismi hanno il compito di valutare i sistemi di IA prima della loro immissione sul mercato, assicurandosi che rispettino standard etici e di sicurezza rigorosi, che comprendano valutazioni approfondite di rischio e benefici. Inoltre, è fondamentale che i governi promuovano la formazione di comitati etici multidisciplinari, che includano esperti in etica, sociologia, psicologia, diritto e tecnologia, per esaminare in modo critico e approfondito le implicazioni morali e sociali delle applicazioni avanzate di IA.

Le aziende devono impegnarsi nell'adozione di pratiche di sviluppo responsabile dell'IA, che includano l'implementazione di **processi di revisione etica** interna. Questi processi devono essere progettati per valutare in modo dettagliato e sistematico gli impatti potenziali dei prodotti IA sulla società e sull'individuo, considerando aspetti quali la privacy, la sicurezza dei dati, l'equità e la trasparenza. È imperativo che le aziende si impegnino a rendere i loro algoritmi trasparenti e spiegabili, facilitando la comprensione dei processi decisionali automatizzati da parte di utenti e stakeholder. Questo richiede la documentazione dettagliata degli algoritmi e la creazione di interfacce utente che permettano un accesso chiaro e comprensibile alle logiche sottostanti. Inoltre, la **collaborazione con istituzioni accademiche e di ricerca** è fondamentale per studiare e mitigare i bias algoritmici, assicurando che i sistemi di IA siano equi e non discriminino alcun gruppo, attraverso la conduzione di test rigorosi e l'analisi dei dati di input e output.

I cittadini devono essere educati e sensibilizzati sull'intelligenza artificiale attraverso programmi di formazione che forniscano una comprensione approfondita delle basi del funzionamento dell'IA, dei suoi potenziali benefici e rischi. Questo consentirà alle persone di interagire in modo più informato e consapevole con queste tecnologie. I programmi educativi devono essere progettati per includere moduli specifici dedicati all'IA nelle scuole e nelle università, con un focus su aspetti tecnici, etici e pratici, così come iniziative di formazione continua per adulti, che possano aggiornare le competenze in un contesto di rapida evoluzione tecnologica. I cittadini possono anche svolgere un ruolo attivo nella governance dell'IA partecipando a consultazioni pubbliche dettagliate e contribuendo al dibattito su come queste tecnologie dovrebbero essere regolate e utilizzate nella società, attraverso la partecipazione a forum, workshop e gruppi di discussione che permettano un confronto aperto e costruttivo.

Futuro dell'umanità e IA: dipendenza o emancipazione

Nel contesto attuale, l'intelligenza artificiale (IA) rappresenta una delle **forze più potenti e trasformative nella società moderna**. La sua capacità di elaborare e analizzare enormi quantità di dati con velocità e precisione senza precedenti ha aperto nuove frontiere in quasi ogni campo del sapere e dell'attività umana. Tuttavia, questa potenza porta con sé sfide etiche e sociali che richiedono riflessioni approfondite e strategie mirate per garantire che l'evoluzione dell'IA sia guidata da **principi di beneficio collettivo e giustizia sociale**. L'equilibrio tra dipendenza tecnologica ed emancipazione emerge come un tema centrale, sollevando interrogativi fondamentali sul futuro dell'umanità in un'era dominata dall'intelligenza artificiale.

1. Dipendenza tecnologica: l'integrazione crescente dell'IA in aspetti fondamentali della vita quotidiana, dalla medicina alla mobilità, dall'istruzione all'industria, ha portato a una dipendenza sempre maggiore dalle tecnologie intelligenti. Nella medicina, ad esempio, l'IA è utilizzata per analizzare immagini radiologiche attraverso algoritmi di machine learning, **migliorando la diagnosi precoce di malattie** come il cancro, ma sollevando preoccupazioni riguardo alla capacità dei medici di mantenere un ruolo centrale nelle decisioni cliniche. Nel campo della mobilità, i veicoli autonomi promettono di **ridurre gli incidenti stradali causati da errori umani**, ma la loro diffusione solleva interrogativi sulla sicurezza informatica e sulla vulnerabilità a manipolazioni. Nell'istruzione, l'uso di piattaforme di apprendimento adattivo basate su IA **può personalizzare i percorsi educativi, ma potrebbe anche ridurre l'interazione umana diretta, fondamentale per lo sviluppo di competenze sociali**. La centralità dei sistemi di IA nelle infrastrutture critiche, come le reti elettriche intelligenti, pone interrogativi sulla resilienza a malfunzionamenti, manipolazioni o attacchi informatici, richiedendo misure avanzate di sicurezza e protocolli di emergenza.

2. Emancipazione tramite l'IA: l'intelligenza artificiale offre opportunità senza precedenti per l'emancipazione umana, facilitando l'accesso a informazioni, servizi e opportunità precedentemente inaccessibili a vasti segmenti della popolazione. L'IA ha il potenziale per democratizzare l'istruzione attraverso piattaforme online che offrono corsi gratuiti e accessibili a chiunque disponga di una connessione internet, permettendo a individui in regioni remote di accedere a contenuti di alta qualità. Nell'ambito della salute, l'IA può migliorare la qualità della vita attraverso innovazioni mediche come dispositivi indossabili che monitorano continuamente i parametri vitali, consentendo interventi tempestivi e personalizzati. Inoltre, l'IA può aumentare l'efficienza e la sostenibilità delle nostre economie e società attraverso l'ottimizzazione dei processi produttivi, riducendo sprechi e consumi energetici. **In questo senso, l'IA può essere vista come uno strumento potente per superare le barriere sociali, economiche e culturali**, offrendo a comunità svantaggiate l'accesso a risorse e opportunità che altrimenti sarebbero fuori portata.

Scenari di scelta consapevole

Adottare un **approccio consapevole e proattivo** nella governance dell'IA è essenziale per affrontare il bivio tra dipendenza tecnologica ed emancipazione. Le strategie devono bilanciare i benefici dell'innovazione tecnologica con la necessità di proteggere i diritti e la dignità umana. Alcune raccomandazioni chiave sintetizzate:

1. **Sviluppo di standard etici e normativi**: creare quadri normativi internazionali che stabiliscano standard etici e di sicurezza per lo sviluppo e l'uso dell'IA, garantendo che le tecnologie siano progettate e impiegate in modo responsabile e trasparente. Questi quadri dovrebbero includere **linee guida dettagliate per la gestione dei dati**, la **trasparenza** degli algoritmi e la **responsabilità** in caso di errori o danni causati dall'IA.

2. **Educazione e formazione**: avviare programmi di educazione e formazione che preparino i cittadini a interagire in modo critico e informato con le tecnologie IA, sviluppando competenze che non possono essere facilmente replicate o sostituite dall'intelligenza artificiale. Questi programmi dovrebbero coprire una gamma di competenze, **dall'alfabetizzazione digitale di base alla comprensione avanzata degli algoritmi di machine learning**, includendo anche aspetti etici e legali dell'uso dell'IA.

3. **Partecipazione Pubblica**: favorire una partecipazione attiva della società civile nel processo decisionale relativo

all'IA, assicurando che le voci di tutti i settori della popolazione siano ascoltate e considerate nella definizione delle politiche tecnologiche. Questo può essere ottenuto attraverso la creazione di **piattaforme di consultazione pubblica** e la promozione di **forum di discussione inclusivi**, dove esperti, cittadini e rappresentanti delle istituzioni possano collaborare per delineare un futuro tecnologico equo.

4. Ricerca interdisciplinare: promuovere la ricerca interdisciplinare che esplori le implicazioni sociali, etiche e psicologiche dell'IA, fornendo una base solida per politiche informate e decisioni consapevoli. Questa ricerca dovrebbe coinvolgere esperti in scienze sociali, etica, psicologia, diritto e ingegneria, creando un dialogo continuo tra discipline per affrontare le complesse sfide poste dall'IA.

5. Sicurezza e resilienza: potenziare la sicurezza e la resilienza dei sistemi di IA attraverso la ricerca avanzata in cybersecurity, l'adozione di pratiche di sviluppo software sicuro e la creazione di meccanismi di risposta rapida a eventuali minacce o malfunzionamenti. Questo include lo sviluppo di algoritmi di rilevamento delle intrusioni, la crittografia avanzata per la protezione dei dati e l'implementazione di **protocolli di backup e ripristino** per garantire la continuità operativa in caso di attacchi o guasti.

Grazie per aver concluso la lettura del mio libro.
Se ti è piaciuto e ritieni che ti abbia aiutato a comprendere
l'argomento e abbia stimolato la tua riflessione ti invito a
dedicare pochi secondi per lasciare una recensione su
Amazon.
Ogni contributo è significativo per la comunità dei lettori e
costituisce per me un'importante occasione di confronto e
crescita personale e professionale.

Nathan J. Miller

Collana "Il Lato Oscuro"

La collana di libri **"Il Lato Oscuro"** di Nathan J. Miller esplora gli aspetti più inquietanti e spesso trascurati se non addirittura taciuti della nostra epoca.

Ogni volume getta luce su ciò che si nasconde dietro le illusioni del progresso: il potere sottile e manipolatorio del denaro, le ombre del network marketing, la distorsione dei rapporti umani sui social, i rischi e le ambiguità dell'intelligenza artificiale, e molto altro.

L'autore, con uno sguardo critico e penetrante, smaschera le dinamiche occulte che influenzano le nostre scelte, i nostri valori e perfino la nostra identità.

Senza offrire facili risposte, questa collana invita a porsi le domande giuste e ad aprire gli occhi su una realtà spesso manipolata e travestita da progresso.

Per chi ha il coraggio di guardare oltre la superficie. Per chi sente che c'è qualcosa che non torna. Per chi è pronto a scoprire... il lato oscuro.

www.ingramcontent.com/pod-product-compliance
Lightning Source LLC
LaVergne TN
LVHW022313060326
832902LV00020B/3431